D・カーネギー
マンガで読み解く

人を動かす

DALE CARNEGIE

原作：デール・カーネギー
脚本：歩川友紀
漫画：青野渚・福丸サクヤ

創元社

目次

主な登場人物
（相関図）

創元コーポレーション

第2・4・6・8・10話

部　長

鈴《すず》木《き》健一郎《けんいちろう》（58歳）

営業部部長

根性と努力がモットーの古風なタイプで、自分にも他人にも厳しい。既婚。

営業部イベント課

係　長

荒《あら》井《い》絵《え》理《り》子《こ》（31歳）

営業部イベント課
係長

姐御肌で、とにかく負けず嫌いの激情家。出世欲もある。シングルマザー。

社　員

仲《なか》根《ね》駿《しゅん》（26歳）

営業部イベント課
社員

気分屋でマイペースながら、やる時にはとことんやるタイプ。独身。

新　人

村《むら》上《かみ》莉《り》奈《な》（20歳）

営業部イベント課
新入社員

外見は今どきのギャルだが、引っ込み思案で気が弱い。独身。

第1・3・5・7・9話

社　長

三《み》原《はら》茂《しげる》（65歳）

創元コーポレーション
社長

会社を一代で築いたワンマンだが人情家。入社式で新入社員にD・カーネギーの『人を動かす』を贈る。既婚。

営業部メディア課

課　長

橘《たちばな》幸《ゆき》秀《ひで》（35歳）

営業部メディア課
課長

有能な営業マンであり、中間管理職としても目配りと気配りの人。既婚。

社　員

古《ふる》久《く》保《ぼ》美《み》和《わ》（29歳）

営業部メディア課
社員

地味ででしゃばらないが、仕事はてきぱきこなす。若手の面倒見も良い世話役。独身。

新　人

石《いし》井《い》直《なお》哉《や》（22歳）

営業部メディア課
新入社員

自称イケメンのお調子者。生意気盛りで人の話を聞かない。独身。

新　人

北《きた》川《がわ》真《まこと》（22歳）

営業部メディア課
新入社員

真面目で朴訥。地道にこつこつ頑張るタイプ。独身。

プロローグ
すべてはこの本から始まった
四月一日
創元コーポレーション
会議室
入社式会場
これからいっしょに働いてくれるみんなに
私の好きな言葉を紹介しよう

＊『人を動かす　新装版』PART 1「3　人の立場に身を置く」に初出の文章。

ポーン…
ガコンッ
ゴト
ゴト
お
懐かしいなあ
ゴロゴロゴロ
営業部メディア課
社員
古久保美和（29）
今年も配るんだね
カーネギーの『人を動かす』を
営業部メディア課
課長
橘幸秀（35）
この本がなければ始まりませんから
コク…
そうだね
うちのバイブルみたいなもんだから

会議室
ガチャ…
入社式会場
では最後に私からのプレゼントだ
どうぞ
ありがとうございます
……
相手の心の中に強い欲求を起こさせること…か

ワッ
ザ
あなた それ どういうこと？
自分が何を 言ってるのか わかってる⁉
営業部イベント課 係長 荒井絵里子（31）
むぅ…
新入社員 村上莉奈（20）
どうしたんだね 荒井君
そんな大きな 声を出して
営業部部長 鈴木健一郎（58）
いえ あの 鈴木部長… この子 新入社員 なんですけど
社長がくださった『人を動かす』を 返すって言うんですよ
D・カーネギー 人を動かす
返す？

ギロッ
要するに
いらないって言うんです
いらない…
そんなことを言う新入社員は初めてだな…
ジッ…
本当かね？
はい…あの…
ぎゅ…
はい じゃないでしょ!!
グワッ
まあ待ちなさい
ちゃんと話を聞こうじゃないか
君 名前は？
む…
おず…
村上莉奈です…
では村上さん
ス…
どうしてこの本が必要ないのか教えてもらえるかな
はい
えっと お父さんが…

就職のお祝いに
同じ本を…
読んでおくと
役に立つからって…
そう言われました
なるほど
いい
お父さんだね
ありがとう
ございます
これは私からの
お願いなんだが…
うちの
社長は
あなたのお父さんと
同じ気持ちで毎年
新入社員に『人を動かす』を
プレゼントしているんだ
できれば
うちの社長の分も
受け取ってもらえ
ないだろうか
人を動かす
はい
ありがとう
ございます
この本はね
昔も今も
たくさんの人に
愛されてきた
そして

君のお父さんや うちの社長が 君にプレゼント したように
人から人に 受け継がれてきた
なぜだと 思う？
？
答えを知り たければ
まずその本を 読んでみる ことだ
きゅ…
わかりました
ペコリ
いい子じゃ ないか
見かけは ちょっと アレだが
確かに少し ギャルっぽい ですね…
まあ そうだが…

フッ
村上莉奈か…
あの子はこれから我が社でどんなふうに成長していくのかな
ザッ
ただいま〜
カツン
おかえり どうだった?
いい お父さんだねって言われた
誰に?
ひょいっ
部長さんに
どうして?
パクッ
ふふっ ナイショ
ヘンな子
とりあえず着替えたら夕飯の支度《したく》手伝って

ズッ
じっ…
コト…
D・カーネギー 人を動かす
HOW TO WIN FRIENDS AND INFLUENCE PEOPLE

…
やあ…お疲れさま
…え？
…俺？
あの…北川です昨日入社式でいっしょだった…
cafe weste
Books
よくわかったねぇ
石井君とはグループ面接でもいっしょだったから
へぇ…記憶力いいんだ

記憶力はそんなでもないから覚えてるうちに書き留めるようにしてるんだ
特徴とか雰囲気とか
僕 卸売市場でバイトしてて…
ほとんどのお客さんが「あとから取りに来るから」って言うんだ
だから必死だったよ 間違ったら大事《おおごと》だからね
ズズー…
…ほかにもバイトあるだろうに
えっ… あ そういわれてみれば…
抜けてるんだかしっかりしてるんだか
それよりかさぁ 北川は昨日もらったアレ どうする？
重くて厚い本もらったじゃない
凶器になりそうな

ああ カーネギーって人の『人を動かす』だっけ？
いらないよなあ ああいうの…
成功した年寄りの自慢話なんて面白いわけないいって
カーネギーって あれでしょ
ほら…アメリカの鉄鋼王かなんかじゃなかったっけ？
あれ？ 鉄道王だっけか？ 俺も詳しく知らないけど…
そうだったかなあ…
『人を動かす』なんて上から目線のタイトルからしてそんな感じじゃない
ありがとうございました～

お疲れさまです
えっ？
あ…
ひょっとして
新人さん？
はい
これから
お世話になる
石井です
入社式では
ありがとう
ございました
ステキなプレゼントも
いただいて
ズイッ
それは読むのが
楽しみだなあ～
…
社長の贈りものだから
ってわけじゃないけど
いい本よ
だまされたと思って
読んでみて
仕事に活かせる
ヒントがたくさん
詰まってるから
あの…

先輩は このお店によく 来られるんですか？
cafe
わりとね 私だけじゃなく うちの会社の人 結構来てるみたい
あ
古久保さん
あら…
パタン…
今も読み返したりされるんですか
たまにね
そういえば さっき新人さんに 会ったんですよ
知ってる 僕の真後ろの席に 座ってた… 凶器とか鉄鋼王とか ユニークな言葉の端々《はしばし》が 耳に飛び込んできたよ
カラン…
…はあ？

入社式を終えた
新人たちは
二週間の新入社員
研修を経て
北川真と石井直哉は
営業部メディア課に
村上莉奈は
営業部イベント課に
配属された。

コラム

D・カーネギーはなぜ『人を動かす』を書いたのか

デール・カーネギー（Dale Carnegie）は一八八八年に米国ミズーリ州の農家に生まれ、教師を志して入学した州立学芸大学を卒業後、中古車のセールスマンや、一時は俳優を目指し挫折するなど、雑多な職業を転々とし苦労を重ねた若者でした。

最初の転機となったのは、一九一二年に副業で始めた話し方講座の講師に採用されたことです。ＹＭＣＡの夜間学校での授業が好評を博して受講者も増え、仕事を軌道に乗せます。もともと教師志望で、学生時代に弁論大会で活躍した能力が組み合わさり、天職を見出したといえるでしょう。

授業を通じて、受講生に必要なのは話術だけでなく対人関係の技術だと分かったものの、適当な教材がなく、カーネギーは自前で用意します。最初は一片のカード、続いてリーフレット、そして小冊子へと分量を増していきました。哲学書から心理学書、偉人の伝記まで大量に読破し、授業のための素材を収集して研究を続けます。各界の名士や実業家にインタビューをし、図書館で文献調査をする人まで雇ってエピソードを蓄積しました。

そうして一九三六年、自前の教材と講義の速記録に改良を加え出版したのが『人を動かす』です。話し方講座を始めて二五年、対人関係の教材づくりを始めて一五年の歳月を経て、一冊の歴史的な書籍が完成、カーネギーは四八歳になっていました。発売直後に大ベストセラーの社会現象になっても、一時のブームに終わることなく、一九五五年のカーネギー没後も変わらず現在まで読み継がれていることこそ、特筆すべき事実です。手間暇かけ収集した多数の人生エピソードに、カーネギー自身の苦労と経験をまじえ、膨大な年月をかけて出来上がった書籍は、授業の現場で実証を重ねて磨かれていった「人間関係の原則」そのものだから、時代を超えて普遍性を持つに至ったというわけです。

『人を動かす』英語版原書初版本（1936年、サイモン＆シュスター刊）

『人を動かす』邦訳初版本（1937年、創元社刊）

第1話

❖

町中にあふれる些細なトラブル

まとめ

人を動かす三原則 ❶

「盗人にも五分の理を認める」

四月一六日
ガタンゴトン…
今日から正式配属かぁ…
紙媒体や屋外ネットなんかの広告を扱う部署だって言ってたけど…
ゴソ…
創元コーポレーション
営業部メディア課
北川真
Kitagawa Makoto
XXX@XXXX.com
090-XXXX-XXXX
〒XXX-XXXX XXXX市XX区XX町XX－XX
広告とかディスプレイとか製作する時には撮影に立ち会えるのかな?
ぽ…
海外ロケとかあったり…あ芸能人と仲よくなれたりしちゃったらどうしよう!?
キキィーッ
!
ゴロ…

ゴロロロ
痛《い》ってぇ！
ボグウッ
ズ!!
ぎゃあっ！
おいあんた
このスーツケースの
持ち主だろ
通勤ラッシュの
時間帯に
そんなデカいの
持ち込むなよ
非常識だぞ！
仕方ないだろ
こっちは今から
出張なんだよ
だったらほかの
交通機関使えよ
危ないだろ！
うるさい！
あんたに
関係ないだろ!!

やだなあ…
ケンカするなら
よそでやってよ
××駅ー
××駅ー
ガタン
チッ
ブッ
ブッ
ゴロロロ…
ハアア…
ス…
扉が閉まります
ご注意ください
プシュー…
ガタン…
ガタン
ゴトン
ゴッ!…
おはよう

た 橘課長
お おはよう
ございます
いらっしゃったとは…
さっきはとんだ
災難だったね
見ておられたん
ですか
君の右隣の人は
今から出張なので
スーツケースを
持ち込んだんだが
左隣の人はラッシュ時に
大きな荷物を
持ち込むのは
非常識だと考えた
大きなトラブルに
ならなかったから
よかったものの
もう少し違った
言い方をするとか
相手の話を
聞いてあげたほうが
よかったかも
しれないね
要するにどっちも
正しいことをした
つもりだったんだ
…確かに
あれ…？
そういえば
この本にも…

ワイ
ワイ
ザジ
こらあ！
脚立《きゃたつ》を使うときはヘルメットをかぶれと言っただろ！
チッ
ケガをしてからでは遅いんだぞ！
へいへーい
ミシッ
課長 もしかして今の場面なんかも…
その通り
コク…

ああいった批判は怒りを呼び起こして意欲をそぐだけだね
正しくてもあの言い方では伝わらないかもしれないいね
ホラ
ブスーッ
どもー…
『人を動かす　新装版』PART1
「1　盗人にも五分の理を認める」
批判が呼び起こす怒りは、従業員や家族・友人の意欲をそぐだけで、批判の対象とした状態は少しも改善されない。
本に書かれていた文章にあった気がする…
すごいなあ橘さん本を丸暗記してるのかな?
創元コーポレーション
メディア課
新人さんに早速入ってもらった企画会議ですが
スポーツジムのパンフレットのリニューアル案…
テーマは「楽しく続ける」で決定ということでいいですね?
はい!

表紙とかどんな感じになるんでしょうね
スポーツジムのパンフといえば
ぐっ
やっぱり可愛いスポーツウェアの似合う女の子に決まってるでしょ！
えっそうなの？
ち違います！
オヤジみたいなこと言わないの！
ガチャ…
終わりました
会議室
じゃあ
石井君と北川君はお使いに行ってくれるかな？
…え？

うちの部署はいつも社内で歓迎会をやるのが伝統なの
僕らは予算担当で君ら新人が買い物担当なんだ
予算はこれだけだから
へえ…歓迎会って安上がりなんですね
まあとりあえず好きなものを買っておいで
ぐい
ぐい

しかしまあ…
歓迎される側の言葉ではありませんね
その通り
スーパー タカイ
ソフトドリンク何本買っておけばいいかな?
コーラか何かでかいの一本買っとけばいいんじゃないの
でも炭酸が苦手な人もいるだろうし…
ちゃんと聞いてから来ればよかったね
気にしすぎだって
俺あそこで待ってるからテキトーに買ってこいよ
えっ うん…

お会計
ピッ
ピッ
ピッ
プル
プル
お重い…好き嫌いに配慮して
いろいろ買いすぎたかもなあ…
しっかりしろよ！
サービスコーナーにある商品は百円均一だろ！
ですからこの商品は違うんです…
うわ～
わけのわからないことを言うなよ早くレジ打てって！
タタタッ…
お客様どうなさいました？

こいつが因縁《いんねん》つけてきたんだよ
こ この人が…
お前 客のせいにするのか お前が悪いんだろ 謝れコラっ！
ひっ…
いい加減にしろよ もめるならどっか ヨソ行けって 迷惑だから～
!
いっ石井…
あ？
うるさい 関係ないだろ
いやいや あるって
スタ
スタ
何を言ってるの石井君…

俺ら
さっさとレジ
済ませたいのよ
俺ら…
ポンッ
お前らっ！
ぐわっ
!?
痛ったああ
何で僕？
なめてんのか
コラァ！
お客様…
お話は私が
承ります
レジはほかのお客様に
ご迷惑がかかりますので
どうぞこちらに
店長
ながおか
フー…
店長さん
ありがとう…
チッ…

ヨタ
ヨタ
うぅっ
指がちぎれそう
ゼェ〜ゼェ
プル
プル
生まれたての子鹿みたい!
ヒソ
ヒソ
あっ見ないで…
こんな僕を見ないで…
あのさあ
思ったことを
ダイレクトに
口に出すのって
あんまりよく
ないんじゃないかな
ハア
ハア
でもあれは
誰が見たって
あいつが悪いぞ
どっちが悪いか
じゃなくて…
ヨロ
ヨロ
そりゃ
レジの女の子を
助けようとした
石井君は格好
よかったよ
だろ?
フフ〜ン
……でも

あの男は石井君が何を言っても変わらないと思うよ
ガサ…
確か『人を動かす』にもそんなことが書いてあったでしょ
マジで?
最初のほうだよ ほら…どっかの刑務所長さんの話だったけど
受刑者のほとんどが自分のことを悪いと思ってないって…
『人を動かす 新装版』PART1
「1 盗人にも五分の理を認める」
極悪人たちでさえも、自分が正しいと思い込んでいるとすれば、彼らほどの悪人でない一般の人間は、自分のことを、いったいどう思っているのだろうか。
いやいや覚えてない以前に知らないよ お前よく読む気になるね あんな厚いの
ゲー…
あの本厚さでいうとこれぐらいない?
俺の気持ち的にはこれぐらいの厚みだけどなあ
ゼー ゼー
厚さはわかったからこの重いのひとつぐらい持ってよ
ブツ
…今日は配属初日なのに朝から足踏まれるしさっきは胸ぐらつかまれるし…最悪
ブツ

まとめ

人を動かす三原則❶

「盗人にも五分の理を認める」

はじめに……………❖

原著の『人を動かす』は、初版の刊行からおよそ八〇年にわたり、日本語版（邦訳）だけで約五〇〇万人、全世界で数億人ともいわれる膨大な数の読者に支持されてきました。その一方で、現行版の邦訳『**人を動かす　新装版**』では三〇〇ページを超える書籍ですから、最後まで読み通すのが苦痛だと感じて何となく避けてきた人も、きっと少なくなかったことでしょう。原著には故人や歴史的人物のエピソードが多々出てくることから、古典のようでやや親しみにくいとの感想や、もう少し現代に近い実例に沿って内容を理解したいとの要望も寄せられていました。そんな数々の要請を受けて、本書『**マンガで読み解く 人を動かす**』は、カーネギーの原則を日本版オリジナルのストーリーに練り込んで書き下ろされました。

本書を通じて、原著に込められた奥深く普遍的なメッセージに触れ、さらに原著に親しむきっかけの一つにしてもらえたらと願っています。

読み方に近道なし……………❖

『人を動かす』を何度も読み返し、座右の書や愛読書としてきた数多くの人でも、読み方や応用の仕方は人さまざまで、この解釈、この読み方が正解といった定説はありません。原著者のデール・カーネギーは、数多くの著書の中で、折に触れて本の読み方について語っていますが、それは私たちほとんどの人にとって非常に厳しいものです。**まずは速読せよ、何度も繰り返し読め、読むだけでなく時に立ち止まって考えよ、本に線を引いたりメモしたりして刻みつけよ、実践できているかどうか定期的に自省してチェックせよ**――などと。

手軽な読み方や簡便な理解を拒むようなこれらのメッセージは、成人教育の教師でもあったカーネギーらしい言葉といえます。本からできるだけ多くのことを体得したいなら、自分の人生に活かしたいなら、向上心と意欲とそれ相応の努力が必要だと、繰り返し述べて強調しています。カーネギーの原則は、読んで理解はできても、**実践するのが本当に難しい**、とよく評されるゆえんです。

原著者自身がこうまで強調するぐらいだから、読み方に早道や近道はないのでしょう。本書をきっかけにして、次は原著を開いて一度でも読み通してみる。そして、できるならさらに何度も読み返して印を刻みつけ、自分なりの努力で消化していく。それが、一読理解のさらに奥へ進んで、カーネギーの遺《のこ》した「**人間関係の原則**」を実際に〝**身につける**〟唯一の方法かもしれません。

＊　＊　＊

前置きはここまでとし、この欄では、「**まとめ**」と題して、漫画のストーリーに練り込んだ「原則」のおさらいと、原著の読み解き方の一例を挙げていきます。

原著PART1の意味……

原著『人を動かす』の本編は、大きく四つのPARTで構成され、さらに合計三〇の章に分かれています。章末に罫線で囲んで強調された「原則」も三〇で、つまり各章で述べてきたことの要点を「原則」でおさらいする体裁になっています。最初の「PART1」は、日本語版では「人を動かす三原則」と題され、以下「PART2　人に好かれる六原則」「PART3　人を説得する十二原則」「PART4　人を変える九原則」と続きます。

四つのPARTに題された「**原則**」という言葉には少し注意する必要があり、文字面の通りに三〇の原則が同等の位置づけで並列しているわけではありません。

英語版原著では、PART1のタイトルに「Fundamental Techniques（基本的技術）」と付され、英語版の序文でも「(PART1に収載した) 三つの章を読み終えるまでに、改善するものを少しも身につけられなければ、この本はあなた（読者）にとって完全に失敗」と断言しています。役に立たないなら失敗だと言い切るのは自信の裏返しであり、PART1の中に収めた三つの章と原則は、原著全体を貫く基本的で最も重要な、人を動かすための「**三大原則**」と位置づけられます。

三〇章中の三章ながら、全体の二割の紙幅を費やし詳述された三大原則がすべての土台にあり、PART2以降の原則はそこから展開する応用・発展例と考えるといいでしょう。

三大原則「盗人にも五分の理を認める」

英語版のPART1第1章のタイトルは、直訳すると「もし蜂蜜を集めたいなら蜜蜂の巣箱を蹴飛ばすな」です。これを日本の諺《ことわざ》「盗人にも五分の理」を使って意訳したのが日本語版の章タイトルです。この例のように、原著の英語タイトルは西洋人独特の比喩や、聖書からの流用、英語ならではの慣用句を用いており、直訳や逐語訳では意味が伝わらないものばかりですから、邦訳に際しては意訳や言い換えが施されています。

カーネギーが冒頭で、一見突飛に見える凶悪犯や刑務所の話から始めるのは、話し方教室の講師としての経験から、人目を惹く意外性のあるエピソードで最初に聴衆の心をつかむ狙いもあるかもしれません。犯罪者から始めて、実業家や心理学者、大統領、軍人、作家と多彩な人たちのエピソードを巧みにつないで、印象深い掌篇「**父は忘れる**」を引用し、そして最後にこう締めくくります。

「人を非難する代わりに、相手を理解するように努めようではないか」

結論として章末にまとめられた原則は次の通り。

> 人を動かす三原則「1　盗人にも五分の理を認める」
>
> **批判も非難もしない。苦情も言わない。**

結局これが言いたかったのか、と初めて読んだ人は思うわけですが、罫線で囲まれた章末の原則は復習用でもあり、本文を繰り返し読んだ分だけ心身に吸収できる仕掛けです。原著『人を動かす』のこのスタイルにぜひとも慣れ親しんでください。

＊傍線部分は、原著『人を動かす』からの引用文で、罫線で囲んだ部分は原著の章末にまとめられた「原則」です。いずれも出典は『人を動かす　新装版』（創元社刊）。

第2話

❖

企画はあなたでプレゼンはあたし

まとめ

人を動かす三原則 ❷

「重要感を持たせる」
「人の立場に身を置く」

四月一六日
ウエストサイドホテル
ザワ
ザワ
第4回
ポップカルチャ
セミナー
営業部イベント課
社員
仲根駿(26)
ザワ
ザワ
キョロ
キョロ
仲根っ!
にっ
かーー
遅かったじゃないの
こっちこっち
営業部イベント課
係長
荒井絵理子(31)
バッ
バッ
何言ってるんだよ
俺姐《ねえ》さんと待ち合わせした覚えないし
どうしてここにいるんだよ
今日は新人が正式配属される日じゃないのか

そんな日に有休とったあんたに言われたくないよ
立場が違うでしょ
まあでもあんたはたぶんここじゃないかと思った
あんたは入社後
あたしは転職後…
おたがい
このセミナーが初めての仕事だったからね
四年前 春
創元コーポレーション
イベント課
サブカルチャーのイベントですか？
そうだ
漫画やアニメなら
若い君たちのほうが詳しいと思ってね
営業部部長
鈴木健一郎
あた…いえ 私はそれほど…
仲根さんは？
おれ…いや 僕もあまり…
ビクッ

先方が希望
しているのは
ギシッ…
次代を担う
クリエイターの
育成と発表の場
だそうだ
来週頭に
会議があるから
叩き台ぐらいは
つくって
おくように
CAFE
カラン
遅れてごめん
何を調べてたの？
サブカルチャーの
イベントって
言われてもピンと
来なかったので
これまでに
どれぐらいの規模で
どんなものが
あったのかと思って
これはサンディエゴの
「コミック・コンベンション」
の模様です
うわっ 賑わってる～
で
こっちが
カカッ

シカゴの特撮イベント
「Gフェスト」ですね
どっちも物販 セミナー サイン会 コスプレ… 何でもありって感じね
ねえ ひとつ聞いていい？
はい？
どうしてこの会社を選んだの？
企画職なら あまり人付き合いしなくても やっていけるかなと思って…
一人で調べたりまとめたりするのが得意なんだ
得意かどうかはわかりませんが 苦にはならないです
えらいなあ…
そういう才能 あたしには全然ないからなあ

才能？
そんなふうに言われたのは初めてです
いやいや
自信持っていいよ
『人を動かす　新装版』PART1「2　重要感を持たせる」アメリカの思想家エマーソン「どんな人間でも、何かの点で、私よりも優れている——私の学ぶべきものを持っているという点で」
なかなかできることじゃないんだから
ポンッ
ねえ
役割分担しない？
役割分担？
企画はあなたでプレゼンはあたし
いいアイデアだと思わない？

市役所
プレゼン当日
まちと市民の活性課
会議室
お待たせしました
ガチャッ
ビクッ
こちらが
今回のイベントを
担当してくださる
創元
コーポレーションの
荒井さんです
ガタンッ
初めまして
活性化
事業運営事務局の…
し――ん
失礼ですが
こちらの方は
おやすみになって
おられるのでは
君
これはどういう
ことかね?
ぐう…

も
申し訳ありません
本当になんとおわびをしていいのか…
実は仲根は昨日いえ今朝までこちらにお出しする資料をつくっておりましたもので…
そんなこと言い訳にならないだろう
帰っていただきなさい
無礼なこんなバカな話はない
まあ待ちなさい
そこまで根を詰めてくれたのなら聞く価値がありそうだ
期待してもよろしいかな
はいっ

ぶるっ
血の気が引くとか肝《きも》を冷やすとか
そんな表現生ぬるいね
喉《のど》はカラカラになるし呼吸困難になるし
生きた心地しなかったもん
ごめん
ほんとあの時は不眠不休で
とにかく姐《ねえ》さんの信頼に応えなきゃって必死だったから
ハァ…
ほかにもいろいろありましたよねえ
うんうん

途中で何回
辞めようと逃げようと
思ったことか
四年前 冬
まちと市民の活性課
会議室
…快く引き受けてくださったんですが
トークだけでなくライブパフォーマンスが必要だとおっしゃるんです
ホテルの宴会場ですからねえ
そうなると設営だけでなく作品の展示も考え直す必要があります

あ
課長
どう？
進んでる？
セミナーのほうが
設営も含めて
まだ…
ピクッ
何だ
そんなこともまだ
できてないのか
申し訳ありません
ガタッ
本番まで時間が
あまりないことは
重々承知
しております
ただ
設営や進行案は
シミュレーションを
何度もして
おきませんと
取り返しが
つかなくなって
しまいますので
今うちの仲根が
問題点を一つずつ
チェックして
くれています
彼は
一生懸命でしつこく
なかなか納得して
くれません
だから
私たちも安心
できるんです
コスト管理も同様です
予算内できっちり
収めますから

ええっ!?
創元コーポレーション
イベント課
会場使用料の値上げ!
ザワ
ザワ
ザワ
わかりました
ガタッ
とにかく先方に行って話をおうかがいしてきます
ウエストサイドホテル
office
ごめんなさいね
でも もう決まったことなの
お客様には申し訳ないと思っているけど
宴会場の値段がこのままではうちも厳しくて
確かに
使用料を値上げされると聞いて本当に驚きました
でも
支配人さんがホテルの収益を上げることを考えるのは当然のことです
ただ…
ただ?

＊このホテルでの出来事は、『人を動かす　新装版』PART 1「3　人の立場に身を置く」収載のエピソードから作話・漫画化したものです。

市のほうも単発ではなく
継続してやっていきたいとおっしゃっています
そういうイベントこそ
このホテルにふさわしいと私は思っていたものですから…
『人を動かす　新装版』PART1
「3　人の立場に身を置く」
自動車王ヘンリー・フォード「成功に秘訣というものがあるとすれば、それは、他人の立場を理解し、自分の立場と同時に、他人の立場からも物事を見ることのできる能力である」
姐《ねえ》さんがすぐに対応してくれてよかったよ
パキ
パキ
パキ
ガタッ

ほかの人だったら「値上げ？バカバカしい誰が払うもんか」
って言ってたよきっと
それはわからないけどね
だけど内税が外税に変わるぐらいの値上げで本当によかったわ
駅歩道
あんたがしっかり基礎をつくってくれたから担当が代わってもイベントが続いていくんだ
たいしたもんだよ
気持ち悪いなほめたって何も出ないぞ
いや出してくれなきゃ困るな
はあ？
あんたはまだまだやれる
一生懸命でしつこく
納得できるまであきらめない気持ちをもっと出してくれ

まとめ

人を動かす三原則❷
「重要感を持たせる」「人の立場に身を置く」

三大原則「重要感を持たせる」

「重要感を持たせる」とはどういう意味でしょうか。食欲や性欲などさまざまな人間の欲求の中で、「自己の重要感への欲求」だけはめったに満たされることがない、とカーネギーは言います。

「人間は例外なく他人から評価を受けたいと強く望んでいるのだ。この事実を、決して忘れてはならない」

重要感は、人からの評価によってもたらされ、それもお世辞や嘘ではない心からの賞賛でなければならないと結論づけています。

人を動かす三原則「2　重要感を持たせる」
率直で、誠実な評価を与える。

また、カーネギーはこの章の冒頭でこう記しています。

「人を動かす秘訣は、この世に、ただ一つしかない。（略）すなわち、自ら動きたくなる気持ちを起こさせること——これが、秘訣だ」

他の箇所でも「人に自らそうさせたいと思わせる」など同様の文意で何度も力説しているように、この考え方は原著を支える柱の一つです。

三大原則「人の立場に身を置く」

原著ならびに本書の漫画で描かれたホテルでのエピソードは、人の立場で物事を考える段階から一歩進んで、人に行動を促すまでに至れば成功という良い実例になっています。ただ、カーネギーの言う「一方が損するのでなく双方の利益になるように」との条件がつけば実践は容易ではなく、原著に収載された多数の実例を熟読玩味し、どれにあてはめるべきかは、その都度選んで対処するといいでしょう。

人を動かす三原則「3　人の立場に身を置く」
強い欲求を起こさせる。

第3話

❖

同期入社がライバルになりうる頃

まとめ

人に好かれる六原則 ❶

「誠実な関心を寄せる」
「心からほめる」
「笑顔を忘れない」

五月某日
創元コーポレーション
メディア課
おはようございます
トサッ
おはよう
何をご覧になっているんですか?
北川君と石井君の日報を見比べていたんだけどね
営業報告:北川真
○○ショップ
交通
○○駅~××駅
電車:約35分
徒歩:約10分
営業報告:石井直哉
○×スポーツ
交通
約50分
昨日二人が回った営業先は同じ街で
北川君はここまで電車で約三五分徒歩で約一〇分と書いている
一方の石井君はここまで約五〇分としか書かれていないんだよ
二人の性格がよく表われていると思わないかい?

中華料理 楪范軒
ペコッ
お忙しい時間にすみませんでした
失礼します
ありがとうございました
あっ…
いえ どうもご丁寧に
楪范軒
ガラララ…

ハア〜
ず〜〜ん…
おーい
どうだった？
…なーんて
その様子じゃ
空振りみたいだな
ア…
なかなか
うまくいかないね…
おいおい
顔死んでるぞ
CAFE Non Dacre
ぐだ〜〜〜…
広告をもらうって
思ったより大変だね
だんだん
ヘコみそうになるよ
トントン
HONY

しょうがないよ
ちょうど広告を出したかったんですっていう店のほうが珍しいんだから
運がよければそのうちよく来てくれたって歓迎されるかもしれないぜ
ビッ
まあ気楽にやろうや
✕ 定食屋 宮野一家
✕ 英会話 ゴロー
✕ カフェ バスターブ
ありがとうございましたー
こんにちは
…え？

MILKY BAKERY
ミルキーベーカリー店長の江崎さんですよね
昨日おじゃました創元コーポレーションの北川です
私 あなたに名前を申し上げましたっけ?
名札をつけてらっしゃったので
すみません いきなり…
あ
店長 江崎
江崎さんが一番のおすすめだとおっしゃっていた牛乳パンを
昨日初めていただいたのですが
なめらかな生地と濃厚なクリームが絶品でした
あら
ありがとう

気に入ってもらえてよかったわ
また店に寄ってくださいね
いらっしゃいませー
……………
ヨダレ
すげぇ…
ポタ
ポタ
ハァー…:
お前よく覚えていられるな
おっとヨダレ…
毎日いろんな人に会うだけで精一杯なのに
名前と顔を覚える時間をどうやってつくってるんだ?
スタスタ…
あーあ!
あ、待ってよ!
タタッ
『人を動かす　新装版』ＰＡＲＴ２
「３　名前を覚える」
たいていの人は、他人の名前をあまりよく覚えないものだ。忙しくて、覚えるひまがないというのが、その理由である。

…あ
新装開店
ジュエリーアヴェ
オープニングフェア
祝 新装開店 ハッピーガーデ
この店は ダメだぞ
このあいだ 一生懸命説明 したけど 結局 追い返されたよ
そうなんだ… でも…
じゃあ俺 ほかのとこ 回ってくるから
ソワ ソワ
Jewelry Ave
あ
すみません こちらの 責任者の方は…
あ ちょっと 待ってくださいね

お待たせしました！
ちょっと待たせてもらおうかな
!?
何これすっごく気になる
バッ
お気に召しましたか？
はうあっ！
ビクゥッ
すみません…ずいぶん熱心に見ておられたので
あっ ああそうですねっ…こっ こちらにある間接照明が その…珍しいというか
デザインもそうなんですけど和紙を使っているので幻想的というか…

雰囲気がありますでしょ
はい こういう間接照明は初めて見ましたけどすごくいいですね
同じ形がないのも魅力です
無名の作家ですけどね
そうなんですか？
それでもこれだけの作品ですから結構お高いんでしょうね
よければ二階のオフィスまで来られませんか？
店舗スペースだけでは飾りきれなくて
『人を動かす 新装版』PART2
「1 誠実な関心を寄せる」
こちらが心からの関心を示せば、どんなに忙しい人でも、注意を払ってくれるし、時間も割いてくれ、また協力もしてくれるものだ。

うわ～ 置物というか 装飾品としても いいですね
それほど 気に入って くださったのなら…
ひとつプレゼント しましょうか？ 試作品 ですけど
えっ…
いえいえそんな 厚かましいこと… 高価なもの でしょうし…
針金の土台に 和紙を貼っている だけなので
材料費は それほどでも ないんですよ
パカッ
いや それでも…
あ そうだ！

実は今度
和紙から手づくりして
みようと思っているんです
それを
プレゼント
しますよ
え？
私の趣味
なんですよ
ポカーン…
で あなたの
ご用件は？
？？？
…ご用件？
…あっ！
そうでした
僕 こちらの
責任者の方に
お話があって…
…ああ

申し遅れました
オーナーの
阿部です
『人を動かす　新装版』ＰＡＲＴ２
「６　心からほめる」
他人を喜ばせたり、ほめたりしたからには、何か報酬をもらわねば気が済まぬというようなけちな考えを持った連中は、当然、失敗するだろう。（略）
人間は、誰でも周囲の者に認めてもらいたいと願っている。（略）見えすいたお世辞は聞きたくないが、心からの賞賛には飢えているのだ。

数日後

創元コーポレーション
メディア課
そうですか
今回の企画に
ご賛同いただき
ありがとう
ございます
……
お辞儀まで
してるよ
笑顔だって
向こうには
見えないのに

見えなくても
笑顔は大事だと
思うよ
ニコッ
…こんな
ふうにね
マジかよ
普通そこまで
するか？
『人を動かす　新装版』ＰＡＲＴ2
「2　笑顔を忘れない」
笑顔の効果は強力である。たとえその笑顔が目に見えなくても、効果に変わりがない。（略）〝笑顔〟は声にのって相手に伝わるというのだ。
ガチャ…
北川君
はは
はい
ガタタッ
よくやった！
…へ？

ジュエリー・アヴェから広告の依頼があったよ
本当ですか！
プルルル！
…………
はい創元コーポレーションです
はい…
ええ…
ガターンッ
ミルキーベーカリー様広告のご出稿《しゅっこう》ですね
ありがとうございます！

まとめ

人に好かれる六原則❶

「誠実な関心を寄せる」「心からほめる」「笑顔を忘れない」

原著PART2の意味

原著の『人を動かす』という日本語版タイトルは簡潔にして印象深い邦題です。ただ、そのぶん誤解もされやすく、「書名から、人を巧みに操る作為的な内容かと思った」との先入観を抱く人も、これまで少なからずありました。書名だけを見て避けつづけている人も、いまだに数多くあるかもしれません。

英語版の原題は『**How to Win Friends and Influence People**』といい、直訳するなら「**いかにして友人を得て、人々に影響を与えるか**」となります。この原題には「友人をつくる」と「人に影響を与える」の二つの要素が入っています。

「人に影響を与える」の言い換え、意訳が「人を動かす」だと解釈して差し支えはありませんが、邦題だけを見ていると、もう一つの「**友人をつくる**」という要素が念頭から抜け落ちてしまいがちになります。

つまり、PART2「人に好かれる六原則」では、簡潔な邦題からは略されているものの、英語版の原題も意識すれば、二大要素のうちのもう一つ、「友人をつくる」というテーマが表面に浮かび上がってくるのです。

日本語版でPART2のタイトルに付された「人に好かれる」は、英語版の「Make People Like You」と同じ文意です。友人をつくることとは、解釈も手法もさまざまに考えられるのですが、それは**人から好かれること**だと最初にタイトルで宣言していることになります。

PART2に収められた六つの章「誠実な関心を寄せる」「笑顔を忘れない」「名前を覚える」「聞き手にまわる」「関心のありかを見抜く」「心からほめる」は、すべて人から好かれるための具体的な方法論であり原則である、というわけです。

「まずは人に好かれることに取り組んでみよう」

というテーマで、PART1の三大原則という土台の上に積み上げ展開していくのが、PART2だと考えていいでしょう。

どちらかといえば、このPART2の原則は、家族や職場の同僚といった近しい相手を想定しているのではなく、初対面あるいはさほど親しくない間柄、たとえば顧客や一期一会の相手との場面に合わせやすくなっています。

身近な〝達人〟に学ぶ

カーネギーはこの章の冒頭で、「友を得る法を学ぶには、わざわざ本書を読むまでもなく、世の中で一番優れたその道の達人のやり方を学べばいいわけだ。その達人とは――」と話をはじめ、その達人とは〝**犬**〟だと答えを明かしています。

ペットの犬に対して、飼い主に尻尾を振って媚びている印象が先に立つと誤解が生じますが、人に対して下心や魂胆なく純粋な愛情を捧げるその生き方に学ぶべきだ、というわけです。

そもそも人間は、他人のことよりもひたすら自分のことに関心を持っているからこそ、「友を得るには、相手の関心を引こうとするよりも、相手に純粋な関心を寄せることだ」と語り、それも**双方の利益にならなくてはいけない**と条件を付けています。

原著に盛り込まれているエピソードは、犬から大統領、実業家、そして締めに収められた入院中の子供と看護師の感動秘話まで多種多彩ですが、それらに共通するのは、「人に好かれたいのなら、本当の友情を育てたいなら、そして自分自身を益し同時に他人をも益したいのだったら、次の原則を心に刻みつけておくことだ」と結んで結論に導いています。

> 人に好かれる六原則「1　誠実な関心を寄せる」
>
> **誠実な関心を寄せる。**

「重要感」ふたたび

第3話の漫画ストーリーで、訪問者（北川真）のほめ言葉に気をよくしたジュエリー店のオーナーが、和紙製の間接照明をプレゼントしようとまで言い出すシーンがありますが、これを出来すぎの話と感じたでしょうか。

実は、原著ではもっと高価なもの――血統書付きの子犬や新品同然の自動車まで差し出そうかという、なんとも気前のよいエピソードになっています。これらは作り話ではなく、カーネギーの受講生による実証済みの逸話であり、そんなに高価なものを差し出そうとするほど、人はわずかな賞賛の言葉にも飢えていることを如実に表わす実例にもなっています。

PART1の三大原則の一つ「重要感を持たせる」が、ここでもまた繰り返されていることに留意しなくてはなりません。「**重要感**」は、原著『人を動かす』、ならびにカーネギーの教えを顕著に示す、**最重要キーワード**の一つといっていいでしょう。

> 人に好かれる六原則「6　心からほめる」
>
> **重要感を与える――誠意を込めて。**

「クリスマスの笑顔」

人に笑顔を見せるのはそう難しくないことですが、「心にもない笑顔――そんなものには、誰もだまされない。そんな機械的なものには、むしろ腹が立つ」とカーネギーは吐き捨て、心の底から出てくる笑顔こそ千金の価値があると念を押しています。

原著で、カーネギーが受講生に「一週間誰かに笑顔を見せ続けよ」という課題を出し、その結果報告は予想した以上の反応で、読者の笑いも誘う手記になっています。

そして、あるデパートの広告文で締めくくっています。この「**クリスマスの笑顔**」という短文も一読に値する名文です。

> 人に好かれる六原則「2　笑顔を忘れない」
>
> **笑顔で接する。**

なお、第3話の漫画中に引用されている原則「名前を覚える」については、第4話の「まとめ」を参照ください。

第4話

❖

聞き上手という才能

まとめ

人に好かれる六原則 ❷

「関心のありかを見抜く」
「名前を覚える」
「聞き手にまわる」

五月某日
創元コーポレーション
イベント課
シャカ
シャカ
カタ カタ カタ カタ
VOiO
スポッ
仲根ぇ
あんた
何様《なにさま》のつもり？
さっきから
何回呼んでると
思ってるの
ゴゴ
ゴゴ
ああ 姐《ねえ》さん
いたの
誰が
姐《ねえ》さんじゃ
ガッ
係長と
呼ばんかい
ぎりぎりぎりぎりぎり
ぎり
またやってるよ…
あいたたた
たたたたた
ぎりぎりぎりぎりぎりぎりぎり

え？
俺が？
きょ
無理無理
新人の世話なんて絶対無理
チラッ
自信あるもん
自分のことだけでいっぱいいっぱいだし
はいそこ
自信持つとこじゃないから
ビシッ
それにこれは会社が決めたことだから
キイッ
いや でも…
文句があるなら部長に言って
ギロリ
すんません…ないっす

ゴトン
ガタン
チラッ
ギャルだな…
緊張してるのか？
コクリ
初めての外回りなら普通はそんなもんか…
普通は って
どういう意味ですか？
つまんないとこに食いついたね
すみません…
ゴトン
ガタン
謝らなくてもいいんだけど
聞きたい？
コクリ
俺さ 入社して初めての外回りで居眠りしたんだよ
本当ですか？
ぎょっ！

市役所
まちと市民の活性課
会議室
ハハ
ハハ
本当だよ
打ち合わせ中静かだなと思っていたら
寝息が聞こえてきてね
ガチャッ
そのおかげですぐに顔と名前を覚えてもらえたんだけど
ケガの功名《こうみょう》ってことにしとこうか
アハハハハハハ
おはようございます
ありがとうございます
こいつ見かけよりしっかりしてるなあ
今度の新人さんはいろいろな人に関心が持てる子なんだ

魚鷸市役所
まちと市民の活性課
活性化事業運営事務局係長
佐藤　伸一
スッ
それにしても
まちと市民の活性課って面白い名前ですね
今日おうかがいして初めて知りました
ゴ
うちの課は
商工業の振興
地場産業や中小企業の育成
観光資源のＰＲ…
それに
ハッ
バッ
ガリガリガリガリ
フムフム
市民まつりや講演会などのイベントも手がけているんだよ
市民公園のさくら祭りとか…
ピタッ!

さくら祭りは
パアッ
学生時代に行ったことがあります
川に架かった橋の近くに最寄り駅があって
桜の花がホームに舞って
とてもキレイでした
そうかあ来てくれたんだ

ご飯処
まいど
腹減ったろ
はい
ぎゅるるるる
特別に
今日は俺が奢《おご》ってやるよ
本当ですか！
ビクッ
じゃあ…
チラッ
ちょっと待てじゃあって何だ
特盛り!!! 豪華定食 1600円
定食 700円
定食
村上って面白いヤツだなあ
口ベタと思えばちゃんと挨拶《あいさつ》はできるし
意外と聞き上手だし
すみません
クライアントのことを知っておきたいと…
『人を動かす 新装版』PART2「5 関心のありかを見抜く」
人の心をとらえる近道は、相手が最も深い関心を持っている問題を話題にすることだ。
一生懸命メモしてるから
村上が興味を持ってると思って係長さんしゃべるしゃべる

途中で落書きしてたこと
にや
係長が知ったらショック受けるぞ
見てらしたんですか？
何描いてたんだ？
係長さんの似顔絵です
きょ
お名刺をいただいた方の顔を忘れないように
いつもは名刺の裏とかに描くんですけど…
そうだったの…
？
スッ
真面目だなぁ…
俺何か自分が恥ずかしくなってきたよ
？
？
目に言う
『人を動かす　新装版』PART2「3　名前を覚える」
これは、なかなか時間のかかる方法だが、エマーソンの言によると、「良い習慣は、わずかな犠牲を積み重ねることによってつくられる」ものなのである。

まいど
ありがとうございました
ごちそうさまでした
プルル
いやいや…
会社
から着信
プルルルル
会社からだ
何だろ?
はいはい
そりゃ大変だ
了解で～す
村上さぁ 先に帰っとく?
どうしたんですか?
学生時代には味わえない
リアルにお金のからんだちょっとしたトラブルが この先待ってるんだけど
そういうの
早めに経験したかったらついといで
ニヤリ

キリッ
ポカーン
きゅっ
ぶわっ
何だ この請求書は！
どうなってるんだ お前んとこは！
ガチャッ
にこやかマート
経理部
うちは すべて 振り込んだ はずだぞ
パチクリ
あの…
よく調べもせず いい加減なものを 送ってきて
こんな間違いをして よく平気な顔をして いられるもんだ
申し訳ありません

バッ
うちの経理が御社にそのようなご迷惑をおかけしていることを
先ほど電話で知ってびっくりしました
とにかく何をおいてもおわびに上がらねばと思い
お伺いさせていただいた次第です
あ ああ…そうなの
ああいや別に…
御社にご迷惑をおかけしているとすれば
まだほかのお客様にもご迷惑をかけているかもしれません
ご連絡いただきありがとうございました
請求書
株式会社にこやかマート 御中
経理部 課長
斉藤 歩 様
tel:00-0000-0000
fax:00-0000-0000
創元コーポレーション
営業部
イベント課
tel:00-1111-1111
fax:00-1111-1112
それはまあ…どうなのか…
いえ

＊この請求書にまつわる出来事は、『人を動かす 新装版』PART 2「4 聞き手にまわる」収載のエピソードから作話・漫画化したものです。

経理課長が几帳面《きちょうめん》な方だということは
重々承知しております
ぐっ
間違いはこちらにあると思います
本当におわびの言葉もありません
にこやかマート

『人を動かす　新装版』PART2「4　聞き手にまわる」
記者アイザック・マーカソン「自分の言おうとすることばかり考えていて、耳のほうが留守になっている人が多い……お偉方は、とかく、話し上手よりも聞き上手な人を好くものだ。しかし、聞き上手という才能は、他の才能よりははるかに得がたいもののようである」

ザワ ザワ
創元コーポレーション
イベント課
プルルル
シャカ シャカ
のしっ
にこやかマートさんから連絡があったよ
スポン
先方の勘違いだって
平謝りだったよ
そりゃよかった
あんたによろしくって
OKっす
ボリボリ
ところで誰の陰謀なんです？
ん〜？
何の話？

真面目で一生懸命で
あんな後輩と組まされたら手ェ抜けないじゃないですか
ハァア…
いいことじゃないの
あんたが後輩見習って
仕事に身を入れて実績上げてくれれば
あたしの昇進につながるんだから
やっぱり姐《ねえ》さんか…
誰が姐《ねえ》さんじゃ
ガッ
ぎりぎりぎりぎりぎり
ぎり
係長と呼ばんかい
今日も平和だなミ
ぎりぎりぎりぎりぎりぎりぎり
あいたたたたたたたたた

まとめ

人に好かれる六原則❷
「関心のありかを見抜く」「名前を覚える」「聞き手にまわる」

本書の第3話と第4話の漫画に重複して盛り込んだ「**名前を覚える**」という原則は、単純な手法ですが、実践にはかなりの努力を要します。たとえば学校の担任の先生が生徒の名前を、セールスマンが顧客の名前を覚えるのは、職務上の必須スキルとして努力を惜しまないからです。「自分の名前を覚えていて、それを呼んでくれるということは、まことに気分のいいもので、つまらぬお世辞よりもよほど効果がある」とカーネギーはその効能と実利を謳い、大統領や実業家の実話をいくつも折り重ねて実践をすすめています。

人に好かれる六原則「3　名前を覚える」

名前は、当人にとって、最も快い、最も大切な響きを持つ言葉であることを忘れない。

第4話の漫画中で、請求書にまつわる顧客とのトラブルを描いていますが、これは原著第4章に収められた事例に沿っています。いずれも自分が正しいと思ってもすぐには言い返さず、まず先方の言い分を聞き、迷惑をかけたことを詫びて事態を収拾させました。

カーネギーは「話し上手になりたければ、聞き上手になることだ」と述べ、その後の話題の向け方をこう説いています。「相手が喜んで答えるような質問をすることだ。相手自身のことや、得意にしていることを話させるように仕向けるのだ」

人に好かれる六原則「4　聞き手にまわる」

聞き手にまわる。

人に好かれる六原則「5　関心のありかを見抜く」

相手の関心を見抜いて話題にする。

これら三つの原則から、人間は自分の名前、自分の話、自分の関心事など、とかく**自分にしか興味がないという本来の性質**をあぶり出しています。

第5話

北風と太陽と、人それぞれの理由

まとめ

人を説得する十二原則 ❶

「美しい心情に呼びかける」
「誤りを認める」
「人の身になる」

六月某日
創元コーポレーション
メディア課
北川君 石井君
ちょっと
来てくれるかな
クライアントの中に
振り込みを忘れて
らっしゃる方がいて…
未納顧客リスト
つまり未払金なんだが
それをもらってきて
ほしいんだ
あの それは…
もしかして…
直接お会いして
お金をいただいて
こいと?
その通り

どうして僕たちなんですか？
二人とも
まさか君たちは未払金をいただいてくる仕事は
自分たちの仕事じゃないと思っているんじゃないだろうね
うちの会社には集金を専門にしている部署はないよ
それに入金を確認してはじめて仕事は終わるんだ
だけど　わざわざ出向かなくても…

電話やメールで済ませれば
楽でいいのにって
思ってるかもしれないけど
それでは相手様の
事情がわからないだろ
…というわけで
行ってらっしゃい

定食屋 うたべえ
うたべえ
薬
あの広告なあ…
どうして
ダイエット食品の広告が
うちの広告の横にあるの？
フンッ
あれじゃうちの店に
客が来ないじゃないか
そんなんで
気持ちよくお金
払えると思う？

それにあとから
いろいろ
調べたん
だけどさあ…
あんたんとこの料金
ちょっと高すぎるん
じゃないの

そんなこと
言われてもなぁ…
でも課長は
相手様が
なぜ未払いなのか
その事情を
知らなきゃいけないって
おっしゃってたよな
だいたいさぁ
実際の広告見て
思ったんだけど…
値段のわりに
スペースが
ちっちゃかったよね
申し訳ありません
『人を動かす 新装版』PART3
「10 美しい心情に呼びかける」
真実の理由は、他の者がとやかく言わなくても、当人にはわかるはずだ。人間は誰でも理想主義的な傾向を持ち、自分の行為については、美しく潤色された理由をつけたがる。そこで、相手の考えを変えるには、この美しい理由をつけたがる気持ちに訴えるのが有効だ。

それは完全にこちらのミスです
そういう大事なことはご納得いただけるまでちゃんとご説明すべきでした
いや 説明は…ちゃんとしてくれたんだけど…
ただ ほら…実際の広告を見るまでイメージがねピンと来ないというか…
おっしゃる通りです
我々にとっては普段よく見る当たり前の大きさですが
お客様にとっては初めて見る大きさです
もっと丁寧にお話しすべきでした
『人を動かす 新装版』PART3
「3 誤りを認める」
自分が犯した誤りを認める勇気には、ある種の満足感が伴う。罪悪感や自己防衛の緊張がほぐれるだけでなく、その誤りから生じた問題の解決にも役立つ。
いやまあ…
そんなに不満があるってわけでもないんだけど…

ecaseki
あんまり効果がなかったわよ
あの広告
客が来ないのを広告のせいにしてるんじゃないよ
文字も小さかったし
もう少し目立たせる工夫はできなかったの？
ecaseki
あのう…申し上げにくいことですが…

広告スペースや文字の大きさなどは
最初にきちんとお伝えしているはずですが…
ちょっとそれどういう意味?
私が説明を聞いてなかったって言いたいわけ?
そうは言ってませんけど…
我々のお話を聞いていただいた上で
広告を出すとお決めになったのは店長さんですよね
■広告一流れ
の件については、お客様にご
用意頂くことも可能。
広告スペース・フォントの種類
・サイズなど、わかりやすくサン
プルを見せて説明する。
原稿が完成したら、依頼人に
確認して頂く。
了解が出たら広告媒体先へ
入稿することとなる。
なお、その際に色校正
話を聞いてですって!

あんたたちときたら忙しい時間帯に電話をかけてきて
しかも一方的に用件だけまくし立てておいて
『人を動かす　新装版』PART3「8　人の身になる」
相手は間違っているかもしれないが、相手自身は、自分が間違っているとは決して思っていないのである。だから、相手を非難してもはじまらない。（略）
相手の考え、行動には、それぞれ、相当の理由があるはずだ。その理由を探し出さねばならない——そうすれば、相手の行動、相手の性格に対する鍵まで握ることができる。
本当に相手の身になってみることだ。
よくそんなことが言えるわね!!
お弁当
せっかく来てもらったんだけど…

お弁当
今 資金繰りが 大変なんだ 申し訳ない
…
見ての通り あんまり客が 来ないだろ
お弁当
最近この近くに 二軒も弁当屋が できたんだ
一軒は 駐車場完備
もう一軒は 自然派を売りに しててね
Natural Box Lunch
Natural Box Lunch
うちも少しは アピールしないと と思ってね
それで広告を 出してみたんだけど…
まあそんなわけで 支払いのほう もう少し 待ってもらえないかなあ
今日こちらに おじゃましまして
店長さんが約束を 反故《ほご》になさるような方 ではないということは よくわかりました
そうですね…

それでも今のご事情では一括でお支払いいただくのは大変かと思いますので
分割という形はいかがでしょうか?
そんなことできるのかい?
これまでそういう例はありません
でも きちんと事情を説明すれば上司もわかってくれるはずです
ホッ
創元コーポレーション メディア課
…そうか わかった
報告書
あまりいいことではないが今回は事情を考慮して分割を認めよう
定食屋さんのほうは週明けに振り込んでくださるそうだしね
ありがとうございます

あ
そうそう
カーネギーの本は
君の役に
立ってるかい？
はい！
お客様を
怒らせてしまった
みたいだね
…ところで君
そんなつもりは
なかったのですが…
幼い頃に
北風と太陽の寓話を
読んだことがあるかい？

オーバーを着た老人の話でしたっけ？
それが何か？
お客様がオーバーを着た老人だとすれば今日の君は北風だったんだよ
…
ヒントはカーネギーの本にある
失敗や間違いを成長の糧《かて》にしたいと思っているなら読んでみるべきだ
…？
結構な量があるから一気に全部読もうとすると気が滅《め》入《い》るかもしれないね
でも 小説と違って内容が章や原則に分かれているから
毎日の通勤時間とかちょっとした空き時間に少しずつ読めばいいと思うよ

まとめ

人を説得する十二原則❶「美しい心情に呼びかける」「誤りを認める」「人の身になる」

原著PART3の意味

原著PART1の三大原則を踏まえてPART2「人に好かれる六原則」に展開しました。続くPART3の「人を説得する十二原則」は、より具体的な技法を細かく説明していく「**実践編**」という位置づけと考えていいでしょう。

＊　＊　＊

第5話の漫画ストーリーは、未払金のある顧客の事例、それも成功例と失敗例を描いています。これに対応する原著の三つの章にも共通して盛り込まれているのがお金のエピソードですから、漫画はわりあい忠実に原著を翻案しています。カーネギーは『人を動かす』で、高潔《こうけつ》高邁《こうまい》な理想ばかりを語っているのではなく、損得勘定や実利に直結する**実用的な原則**を説いているわけです。

人を説得する十二原則「3　誤りを認める」

自分の誤りを直ちに快く認める。

人を説得する十二原則「8　人の身になる」

人の身になる。

人を説得する十二原則「10　美しい心情に呼びかける」

人の美しい心情に呼びかける。

先に三つの原則を挙げましたが、「人の美しい心情」などと銘記してあっても、これらを崇高な精神論ととらえないで、もっと世俗的な事例にあてはめて考えてみてください。売掛金を払えない、借金を返せない、難癖をつけて支払いを渋るといった、私たちが仕事や生活で直面する現実の出来事です。

カーネギーは、「どうすれば、相手はそれをやりたくなるだろうか」と考えてみれば、よりよい結果がたやすく得られると説き、お金などの**実利**を**得るための原則**としても推奨しているのです。

第6話

❖

古きものを残し、新しきものを拓く

まとめ

人を説得する十二原則 ❷

「穏やかに話す」
「しゃべらせる」
「思いつかせる」

六月某日
創元コーポレーション
イベント課
ガチャ
まだいたの?
再開発計画
お疲れさまです
どうでした?
会議は
ぐでーー
協賛広告は順調らしいよ 橘課長がそう言ってた
これあげる
ドサッ
そりゃよかった
あとは…
イベントの中身だな
再開発は駅の北側のみで
新しいショッピングモールができるんだけど
南側はそのままなんだっけ?
重かったー
予算の関係もあるんだけど
南のほうは立ち退《の》きに反対の人が多かったらしくて
重い
ひょいっ

だからといって
電鉄会社としても北側だけでイベントするわけにはいかないってことなのよね
さてどうしたものか…
こんな時間までつき合わせてすまん
村上はもう帰っていいぞ
でも…
気にするなよ
プレゼンまでまだ一週間あるし
それに
みんなを満足させるアイデアがそんな簡単に出てくるはずないし
カレンダー
6月
そうですよね
私も現場を下見に行ったんですけどまるで正反対というか
過去と未来ですもんね
ん?

ずいっ
んん！
今 何て言った？
え？ あ いえ…
ビクッ
何でもないです 忘れてください
そうじゃなくて 何て言ったか教えろって
…ですから 駅を挟《はさ》んで南側が過去で 北側が未来みたいだと…
それだ！
ガしっ
ニヤッ
それ
いただきました

プレゼン当日
バンッ
しまったあ！
寝すごしたあ!!
梅北電鉄
本社ビル
ザワ
仲根さん
まだかなあ…
ザワ
プルルルル
もしもし…
ザワ
ザワ
ザワ
ザワ
悪いっ
電車が
止まってしまって
間に合わない
プルルルル
ザワ
ザワ
…駅付近の踏切で
発生した人身事故のため
全線で運転を
見合わせております
プルルル

今から村上の
タブレットに
資料を送るから
とりあえず
始めといてくれ
カカッ
仲根さん
終了
090-0000-0000
プー
プー
ザワ
ザワ
サァア
アア
…マジっすか
私一人でプレゼン…

梅北電鉄 本社
資料はこれで全部です
ありがとう
ドキドキドキドキ
とりあえず
資料を読みながら進めていってくれればいいです
ドキドキドキドキ
大丈夫です
ちゃんとこちらでもフォローしますから
カチャ
お待たせしました
ショッピングモール担当
駅前南商店街理事長
駅前北商店街理事長

こちらが今回のイベントを担当してくれる
創元コーポレーションの村上莉奈さんです
ペコーリ
初めまして…
ジロリ
ビクッ
担当者はもう一人おられるのですが
交通機関のトラブルで少し遅れます
来るまで待つのか?
いえ
定刻になりましたので始めさせていただきたいと思います
では よろしくお願いします
ビクッ
こ…今回はえー
「古きものを残し新しきものを拓《ひら》く」をテーマに
て…展開していい…いきたいと考えています
オド
オド
何だそりゃ

古いとはうちのことか？
あ いえ…あの…
要するに古いものは放《ほう》っておいて
北のほうのおこぼれでも期待しろって言いたいのか？
ちょっと待ってくださいよ
せっかく地域を挙げて盛り上がろうとしてるのに
最初からそんな敵対するようなことを言わなくても…
どうしてもというから来ただけだ
バサッ
だいたい
ショッピングセンターのオープニングイベントで賑わうのはあんたら北のほうだけだろ
勝手にやればいいじゃないか
ドンッ
再開発計画
あんたはいつもそうだ
みんなで前向きにやっていこうと一度は決めておきながら
舌の根も乾かないうちに後ろ向きの発言をする

何が後ろ向きの発言だ
今回は我々も負担金を出すんだ金を出すなら見返りを期待するのは当然だろ
そこが疑問だから異議があると言ってるんだ
正論を言ってるだけじゃないか
『人を動かす　新装版』PART3「4　穏やかに話す」
腹が立った時、相手を思い切りやっつければ、さぞかし胸がすくだろう。だがやっつけられたほうは、同じように胸がすくだろうか？　喧嘩腰でやっつけられて、気持ちよくこちらの思いどおりに動いてくれるだろうか？
まあまあ
せっかく時間をかけて資料をつくってくださったんですから
目だけでも通してみませんか
オロオロ
意見を言い合うのはそれからでも遅くありませんので
ペラッ
なあお嬢さん

人を南へ誘導する仕掛けとして
商店街を抜けたところにあるお寺の境内《けいだい》で紙芝居を見てもらったり
公園でフリーマーケットをする案はなかなか面白い
ペコリ
あ ありがとうございます
だが それだけでは少し弱いな
バサッ
あ でも…
…そ
そうかもしれません…
『人を動かす 新装版』PART3「6 しゃべらせる」
相手を説得しようとして、自分ばかりしゃべる人がいる。相手に十分しゃべらせるのだ。相手のことは相手が一番よく知っている。だから、その当人にしゃべらせることだ。

せっかく人の流れをつくってもらっても南は北に比べて廃業した店舗も多い
せっかく来てもらっても楽しめないいんじゃないか？
カチャ
おっしゃる通りです
それを逆手《さかて》にとって空き店舗を活用できれば…
空き店舗ねえ…「古きものを残し」がテーマなんだから…
ん――――
南北の駅前商店街ごと博物館みたいにできないもんかなあ
！
『人を動かす　新装版』PART3「7　思いつかせる」
人から押しつけられた意見よりも、自分で思いついた意見のほうを、我々は、はるかに大切にするものである。すると、人に自分の意見を押しつけようとするのは、そもそも間違いだと言える。暗示を与えて、結論は相手に出させるほうが、よほど利口だ。
カッ
できるんじゃないの
北も南も昔から続く老舗《しにせ》が多い
空き店舗は昔の職人道具を展示するスペースにすればいい

わしのところは和菓子屋だが
古い職人道具など見て面白いと思ってもらえるのか?
どんなふうに使うかの解説や写真があればつければいい
うちの喫茶店にも百年以上前のミルやロースターカップも残してあるから
喜んで貸し出すよ
そういえば
ショッピングモールは昔 映画館があった場所らしいですね
そうです そうです
僕も子供の頃親とアニメや怪獣映画を観に行きました
その頃のポスターも展示できればいいのに
健さん♡
いっそ郷土史研究家やコレクターの方に協力していただくというのはどうでしょう
カサッ
お嬢さん
ビクッ

あんたのアイデアも聞かせてくれんか？
ガタッ
はい…
あの 私は…
体験教室…
みたいなものがあればいいなと思います
例えば…そう
季節の和菓子づくりを理事長さんに教えていただきたいです
和菓子づくりを教わりたいか
はい…

そうか
そうか
バン
遅くなって
すみません
何がどうなって
るんだ？
ワイ ワイ
あ
あの…
空き店舗を
活用して
あた ふた
えっと…
商店街を
丸ごと博物館に…
何を言ってるのか
さっぱり
わからないんだけど

まとめ

人を説得する十二原則❷
「穏やかに話す」「しゃべらせる」「思いつかせる」

原著PART3「人を説得する十二原則」には、そのタイトル通り、説得して人を動かすための具体的な手法が盛り込まれています。日本語版章タイトルの「**穏やかに話す**」もその一つです。

実は、英語版章タイトルでは「A Drop of Honey（一滴の蜂蜜）」となっていて、日本語版のほうが直接的で分かりやすいタイトルになっています。

カーネギーはリンカーンの名言「バケツ一杯の苦汁よりも一滴の蜂蜜のほうが多くのハエがとれる」がお気に入りで、自著で何度も引用していて、章タイトルにも使っているわけです。ただ、日本人には伝わりにくい比喩ですので、この名言にはあまり引きずられないほうがいいでしょう。

人を説得する十二原則「4　穏やかに話す」

穏やかに話す。

あと二つの章「**しゃべらせる**」「**思いつかせる**」で説かれているのは、特段の補足説明を必要としない単純明快な原則です。

カーネギーはこの二原則について同じことを述べています。

「自分がしゃべるよりも人に好きなだけしゃべらせるのは、ビジネスに限らず家庭内でも効果がある」

「相手の発案だと思わせて、こちらに協力させるやり方は、ビジネスや政治の世界だけでなく、家庭内でも効果がある」

仕事だけでなく、**家庭円満の秘訣**でもあると推奨しているのです。

人を説得する十二原則「6　しゃべらせる」

相手にしゃべらせる。

人を説得する十二原則「7　思いつかせる」

相手に思いつかせる。

第7話

❖

ピーターパンかトム・ソーヤーか

まとめ

人を説得する十二原則 ❸

「対抗意識を刺激する」
「同情を寄せる」
「議論を避ける」
「誤りを指摘しない」

九月某日
おはようございます
おはよう
創元コーポレーション メディア課
おはよう
連絡事項(メディア課)
8月営業成績
1.橘 幸秀
新規6件、回収4件、継続5件
2.佐藤 舞
新規4件、回収2件、継続3件
3.野村 圭吾
すごいなあ 橘課長…
…
先月の営業成績もトップだ
…?

…ん?
…僕?
ガタッ
新規3件、回収
4.森川　しずか
新規2件、回収3
5.北川　真
新規2件、回収2件
ふふっ
新規獲得二件
回収二件…
先月のトップ5は
僕なんだ…
やったね!

おめでとう
これからも期待してるよ北川君
しゃしゃ社長…
おはようございます
そんなに緊張しなくても
名前だけでもうれしいのに営業成績まで覚えてくださっているなんて
そんなに感動してくれるなら表彰式でもしようか
いえ そんな…もう充分です
ずいぶん謙虚だね

謙虚っていいますか…運や調子が悪くて
成果が上がらなかった人たちのことを考えると ちょっと…
何を言ってるんだ そんな心配はいらないよ
連絡事項(メディア課)
8月営業成績
1.橘 幸秀
新規6件
2.佐藤
3.野村
新規3件
僕はね 数字や順位がふるわなかった人に悔しいとか このままではいけないと思ってほしくて
成績をオープンにしてるんだ ゲームのようにね
そういう気持ちで仕事に取り組む人は何とか努力や工夫を試みるはずだから
…
橘君も最初からトップだったわけじゃない
努力や工夫を重ねることで仕事が面白くなり
面白くなるとさらにがんばろうという気持ちになる
橘君がトップであり続けるのはそういう理由からなんだよ
『人を動かす 新装版』PART3
「12 対抗意識を刺激する」
成功者は皆ゲームが好きだ。自己表現の機会が与えられるからだ。存分に腕をふるって相手に打ち勝つ機会、これが、いろいろな競争や競技を成立させる。優位を占めたい欲求、重要感を得たい願望、これを刺激するのだ。

定食処
小田辺
小田辺
少し遅くなったけど
このほうが空《す》いてるからゆっくりできるね
…
ところで今日はどう?
何が?
協賛広告出してもらえそう?
自分のほうが営業成績がいいからってアドバイスでもしようっていうのか
何だそれ?
二件ぐらい先にとれたからって上から目線でしゃべってるんじゃないぞ

ごめん…
石井君の言う通りだ
僕が君だったらそう思うだろうね
悪かった
わかればいいんだよ
あーもう
なんか面倒くさいなあ…
っていうか
俺は営業じゃなく…
企画がやりたいんだけどなあ

『人を動かす　新装版』PART3「9　同情を寄せる」

「あなたがそう思うのは、もっともです。もし私があなただったら、やはり、そう思うでしょう」。こう言って話をはじめるのだ。

どんなに意地悪な人間でも、こういうふうに答えられると、大人しくなるものだ。しかも相手の立場になれば、当然相手と同じ考えを持つわけだから、この文句には百パーセントの誠意がこもるはずだ。

あれ？
やっぱり石井だ
何やってるんだ？
大学の卒業式以来
半年ぶりだけど
元気にしてたか？
駅前の塾に
配属されたんだ
新生ゼミって
書いた看板のある
四階建てのビルが
あったの覚えてる？
新生ゼミ
あったっけ？
太田か
久しぶりじゃないか
お前こそ
何やってるんだ
こんなとこで
…あっ　そうだ
仕事が早めに
終わるなら
石井も来ないか？
どこへ？
高柳　加藤の
二人と会う約束
してるんだ

創元コーポレーション
メディア課
お先に失礼しま～す
お疲れ様でした！
最近ずっと不機嫌だったのにどうしたんだろうね？
大学時代のクラスメイトに偶然会って飲みに行くことになったそうですよ
確か広告研究会の友達って言ってました
ああ 歓迎会でそんなサークルに入ってたって言ってたな…
うまく気分転換してくれればいいんですけどね
そうだね
カーネギーを開いてみる余裕も僕らの声を聞くゆとりも
今の石井君にはなさそうだからね

遅くなってごめんな
忙しくてなかなか
抜けられなくて
…
お前ら何か
テンション
低くね？
今ごろになって
五月病か？
高柳は病院の
事務だっけ？
あ すいませーん
生《なま》二丁！
どうして
石井が
来るんだよ
知らないわよ

胸部正面大角《だいかく》一枚のレントゲンが何点とか
まだ検査伝票の整理ばかりだよ
加藤は？
あたしは教材の訪問販売
お待たせしました〜
ふーん…
興味がないなら聞くなよ！
結局 広告業界に進んだのは石井だけだな
もうちょい大きなところで自分を試してみたい気持ちもあったんだけど
創元コーポレーションみたいな中堅どころを引っ張っていくのも悪くないかなと思ってね
また始まった
相変わらず吹くよね〜

お前ら仕事楽しんでるか？
広告業界なんかは仕事を楽しまないと人も金も集まってこないからな
『ピーターパン』の中にあったろ？
…？
みんなが嫌がるペンキ塗りの仕事をピーターパンが楽しそうなふりをしたら
ほかの連中が自分たちもやりたいって集まってきて…
おいおい
それは『ピーターパン』じゃないだろ お前 何言ってるんだ
そうよ ペンキ塗りをやらせてもらうために自分の宝物を差し出すんでしょ その話は『トム・ソーヤーの冒険』のエピソードじゃないの

はあ？
ドンッ
どうかしてるのは
お前らだよ
トム・ソーヤー
のエピソード
なわけないだろ
賭けてもいいぞ
『ピーターパン』だ
絶対間違いない！
おい太田
お前からも言って
やってくれ
『トム・ソーヤー
の冒険』だって
いや
どうだろ…
どっちも
詳しくないからなあ…
でも
石井が『ピーターパン』
って言うなら
それでいいんじゃないか
『人を動かす　新装版』PART3「1　議論を避ける」
議論は、ほとんど例外なく、双方に、自説をますます正しいと確信させて終わるものだ。
議論に勝つことは不可能だ。もし負ければ負けたのだし、たとえ勝ったにしても、やはり負けているのだ。
(略)やっつけたほうは大いに気をよくするだろうが、やっつけられたほうは劣等感を持ち、自尊心を傷つけられ、憤慨するだろう。
――「議論に負けても、その人の意見は変わらない」

わかればいいんだよ
ちょっとトイレ…
ちょっと太田君
あなた ほんとは知ってるんでしょ
まあね
確かにあのエピソードは『トム・ソーヤーの冒険』だ
だったら なんで間違ってるって言わなかったんだ
石井は意見を求めなかっただろ?
要するに聞きたくなかったんだ
だったら議論する必要はないだろう

＊この居酒屋での出来事は、『人を動かす　新装版』PART 3「1　議論を避ける」収載のエピソードから作話・漫画化したものです。

それにしても相変わらずだな石井のヤツ
立派なのは口だけだもんね
おまけに相手の間違いは偉そうに指摘するけど
自分の間違いは絶対認めないところも全然変わってない
だけど
そういうのは自分で気がつくしかないんじゃないかな
おあいそお願いしま～す
飲み処 ミノ屋
じゃあな
またね

企画職にはつけそう?
近い将来…ってとこかな
ずっと憧れてたもんな
今はその準備
…あ そういえばさあ
うちの会社面白いんだぜ
入社式で本が配られるんだ
へぇ どんな本?
それがさあ広告に何の関係もない本なんだ
ほら 昔アメリカで成功した富豪がいたじゃない?鋼材とか鉄橋とかで
その人のありがたいお話が書いてあるんだけどさ
?
…それってもしかしてカーネギーのこと?

そうそう太田
よく知ってるなあ
あの…間違ってたら
申し訳ないけど…
僕もとりたてて
物を知ってる
わけじゃないので
その人
アンドリュー・カーネギー
じゃなくて　デール・カーネギー
じゃないの？
そうだっけ？
ま　僕も
正しいかどうか
自信はないんだけど
よく間違えるから
『人を動かす　新装版』PART3
「2　誤りを指摘しない」
相手が間違っていると思った時には（略）、こんな具合に切り出すのがいいと思うがどうだろう――（略）「おそらく私の間違いでしょう。私はよく間違います。一つ事実をよく考えてみましょう」という文句には、不思議なほどの効き目がある。これに反対する人間は、どこの世界にも、まずいないはずだ。
どっちでもいいよ
そんなの
いや　そこは
確かめたほうが
いいと思うけど…

まとめ

人を説得する十二原則❸

「対抗意識を刺激する」「同情を寄せる」「議論を避ける」「誤りを指摘しない」

第7話の漫画で同級生同士が口論になる居酒屋での描写は、原著のカーネギー自身が口論で失敗した経験に沿わせています。

「議論に勝つ最善の方法は、この世にただ一つしかないという結論に達した。その方法とは――議論を避けることだった。毒へビや地震を避けるように議論を避けるのだ」とカーネギーは痛烈な比喩で述べ、**論理で相手の感情を傷つけない**よう忠告しています。

議論や口論になる際は、誤りの指摘を伴っていることも多く、この二原則は組み合わせで肝に銘じておくのがいいでしょう。

人を説得する十二原則「1　議論を避ける」

議論に勝つ唯一の方法として議論を避ける。

人を説得する十二原則「2　誤りを指摘しない」

相手の意見に敬意を払い、誤りを指摘しない。

また、日本語での「**同情**」という言葉からは憐れみを持つような印象を抱きがちですが、「**共感**」「**同感**」「**思いやり**」という言葉に言い換えてみると、誤解は免れるかもしれません。どんな状況にも共通する、相手の気持ちに寄り添って共感することの意義を、この原則は謳っているわけです。

人を説得する十二原則「9　同情を寄せる」

相手の考えや希望に対して同情を寄せる。

PART3の最後の章「**対抗意識を刺激する**」は、英語版では「何も効果がなかったらこの方法を試せ」という意味の章タイトルになっています。人間関係の基本原則でも必須技術でもないが、最後に別の手法も提示してみたという具合でしょう。

人を説得する十二原則「12　対抗意識を刺激する」

対抗意識を刺激する。

第8話

番外編
父は忘れる、母も忘れる

まとめ

人を説得する十二原則❹

「〝イエス〟と答えられる
問題を選ぶ」
「演出を考える」

五年前
面接
会場
創元コーポレーション
ガサッ
ゴクリ…
では荒井さん最後になりますが
入社していただいたと仮定して…
どんな社員になりたいですか？
もちろん
しゃ 社長です！

姐《ねえ》さん
ツ
ああ… おかえり
何ぼーっとしてるんだよ
ちっとも業績上がらないなあと思ってさ
プシュッ
ハァー…
眺めてたって数字が増えるわけないだろ
用事がないならたまにはさっさと帰れよ
息子が待ってるんじゃないのか?
そうだな
今日は片付けて帰るとするか
そーしろ
そーしろ
ガタッ

荒井係長って
結婚されてたんですね
いや
バツイチ
ガタッ
確か 離婚して
子供が一歳になってから
うちに再就職した
って言ってた
ギッ
そうなんですか…
大変でしょうね

ただいまー
お母さんだ～
荒井理人《りひと》（6）
おかえり～
こら 裸足《はだし》のまま玄関におりるんじゃないの
キッ
理人《りひと》 また靴のかかと踏んで
子供の靴っていってもねえ 安いもんじゃないんだからね
シュン
もう少し大事に履いてくれないかな
乱暴に扱うのは自分のお金で買うようになってからにしてちょうだい
スタスタスタ

ハァ…
帰ってくるなり そんなに 言わなくたって
理人《りひと》 こっちへ おいで
ぎゅっ
シュークリーム 買ってきたけど
トン
パアッ
食べる?
食べる!
じゃあ紅茶でも いれましょうかね
理人《りひと》は ミルクがいいかな
はむっ
あのね お母さん 今日ね 今日ね…
行儀が悪いよ
食べるか しゃべるか どっちかにしなさい

ビクッ
ポロポロ
こぼれる
でしょ
食べる時は
じっとして
食べなさい
べちゃ…
ほら
言わんこっちゃない
クリームが服に
ついてるじゃないの
シュン…
保育園
行ってきま～す
理人《りひと》

ビクッ
猫背に なってるわよ ほら ちゃんと 背筋を 伸ばしなさい
シュン…
おそらく 他社は
地域資源のブランド化 による活性化を 提案してくるでしょう だから…
フム
うちは若手作家に よる期間限定ショップ ってわけか
地酒のラベルを 新進の イラストレーター に依頼し
普段お酒を 飲まない層にも アピールするか…
期間限定 ショップ
地場産業にアートを プラスするのは いいアイデアだと思う
わかった うちのプレゼンは これでいこう
ホッ…

村上
ちょっと
カサ
地域を彩る
和紙と金箔の灯《あか》りって
あんたのアイデア？
地域を彩る和紙と金箔の灯り
はい…
今回は地域住民をどう巻き込むかがポイントだったから
手づくり照明で地域活性化というのはいいわね
材料費が安く済むから予算もそれほど大きくならないし
だけど和紙と金箔の灯りなんてよく知ってたわね
あの…それは北川さんに…
北川って メディア課にいる あんたと同期の？
そうです… この間 たまたま 帰りが同じで…
そういう情報交換って大事だよ
ネットワークは大切にね
はい…

…以上が下半期の見込みです
下半期見込み
ありがとう管理職は慣れた?
全然です書類も数字も苦手です
克服してくれないと社長になれないよ
勘弁してくださいよ
あれは社長になれるぐらいがんばりますと言うつもりだったのに
緊張して口が滑《すべ》っちゃったんですから
そのあとが大変だったね
社長が「面白い 採用!」なんて言うもんだから
採用!!
専務たちが大あわてで「まだ決定じゃないです!」って

残りはテイクアウトだな
プルルルルルルル…
お電話ありがとうございます
創元コーポレーションです
やっぱりまだがんばってたんだ
え？橘さんですか？どうして電話…
新任の係長が張り切りすぎてないか心配でね
大きなお世話です
子供さん まだ小さいんだろ？
もう六歳ですよ
まだ六歳だろ たまには早く帰ってあげなよ まだ甘えたい年頃だろ
両親がいますから
それに母親がいないと何もできない子にはなってほしくないので
ドキドキ

ガチャ
お母さん… おかえり
どうしたの
おしっこ…
そうか 自分で できるね
早くトイレに 行っておやすみ
きゅっ
ぎゅうっ
タタタ…
え？
ぽか——ん

カチ…
カチ
カチ
ポッポッ
ビクッ
フミ
いつから
ガタッ
ガチャ
この子を抱きしめて
なかったんだろう？
ぎゅうっ

ペタッ
ごめんね
理人《りひと》のこと愛してないわけじゃないのよ
あなたにはしっかりした男の子になってほしかったから
自分のことは自分でできる子になってほしかったから
できるだけ甘やかさないようにしようと…
スッ
でも
まだ理人《りひと》は六歳だもんね
お母さんは無理なことを期待しすぎて注文が多すぎるよね
明日からは理人《りひと》ともっと仲よしになっていっしょに喜んだり悲しんだりするから…
小言を言いたくなってもこらえるから…

理人《りひと》がまだ子供だということを忘れないようにするから…
『人を動かす　新装版』PART1
「1　盗人にも五分の理を認める」
あなたが、子供たちに小言を言いたくなったら、
――あなたは、私がまた「小言はいけない」と言うのだろうと思っているに違いない。ところが、私は、そうは言わない。まず、アメリカ・ジャーナリズムの古典の一つといわれている『父は忘れる』という一文を読むようにすすめる。（略）
人を非難する代わりに、相手を理解するように努めようではないか。

＊このストーリーは、『人を動かす　新装版』収載の掌篇「父は忘れる」をアレンジし、作話・漫画化したものです。

まとめ

人を説得する十二原則❹
「〝イエス〟と答えられる問題を選ぶ」「演出を考える」

この第8話は、原著PART1第1章に収められた掌篇「**父は忘れる**」をアレンジし、本書オリジナルのストーリーで漫画化したものです。

「父は忘れる」は、これまで原著の読者から「強い感銘を受けた」との感想が数多く寄せられ、読み手の心を揺さぶる不朽の名文として知られています。ぜひとも原著『人を動かす』でこの短文を読んで、活字でも感動を味わってみてください。

＊　＊　＊

ここでは、『人を動かす』の全三〇原則のうち、本書の漫画ストーリー上では直接触れなかった二つの原則について、以下簡単に紹介しておきます。

一つめの原則「**〝イエス〟と答えられる問題を選ぶ**」は、いわゆる「**ソクラテス式問答法**」と呼ばれる古典的な手法です。相手を批判したり否定することから始めると、話はこじれると述べ、「最初は、相手に〝イエス〟と言わせるような問題ばかりを取り上げ、できるだけ〝ノー〟と言わせないようにしておく」とその方法を説明しています。

二つめの原則「**演出を考える**」は映画、テレビも使っている手法で、「ビジネスに限らず、生活全般にわたって、ドラマチックな演出は、活用できる」と述べ、いくつかの成功例を挙げています。

> 人を説得する十二原則「5　〝イエス〟と答えられる問題を選ぶ」
>
> **相手が即座に〝イエス〟と答える問題を選ぶ。**

> 人を説得する十二原則「11　演出を考える」
>
> **演出を考える。**

この両原則とも、カーネギーはきわめて簡単な技術だと語っていますが、弁論術を得意とし俳優を志していただけあって、少々**演劇的な手法**といえます。実践に採り入れられるかどうかは、原著に盛り込まれた実例一つ一つを各自で確かめてみてください。

第9話

❖

応用編
PTAの会長になる

まとめ

人を変える九原則 ❶

「激励する」
「遠まわしに注意を与える」
「命令をしない」
「喜んで協力させる」

一月某日
日曜日
ただいま～
…
橘郁恵
（36）
橘友紀
（8）
どうしたの？
そんな顔して
実はさっき
友紀が通《かよ》ってる
小学校のPTAの
役員さんが
来たんだ
？
来年度の会長を
お願いできないかって
あらまあ
引き受けるの？

いや断ろうかと思ってる
どうして?
役員さんの話を聞いていると
とても勤め人にこなせる仕事量じゃなさそうだしね
学校のサポート
行事開催
PTA組織活動
安全を守る活動
…あなたらしくないんじゃない?
どういう意味?
だって何事もやる前にできないと考える人じゃないもの
どうすればできるかを考える人だから
実際に経験してみておかしいと思うところは役員のみなさんと話し合って 変えていけばいいじゃない
…大丈夫よあなたなら
『人を動かす　新装版』PART4「8　激励する」
子供や夫や従業員を、馬鹿だとか、能なしだとか、才能がないとか言ってののしるのは、向上心の芽を摘み取ってしまうことになる。その逆を行くのだ。大いに元気づけて、やりさえすれば容易にやれると思い込ませ、そして、相手の能力をこちらは信じているのだと知らせてやるのだ。そうすれば相手は、自分の優秀さを示そうと懸命に頑張る。

四月某日
橋もこのあたりを回ってたのか?
社長もでしたか?お疲れさまです
昼はもう食ったか?
いえ これからです
じゃあ いっしょに食おう
もっといい店を期待してたか?
いえ そんな…
親子丼
玉子丼
他人丼
木ノ葉丼

独立して この会社を始めて 何年ぐらいだったか…
昼飯《ひるめし》はいつも 丼ばかり 食べてたよ
ゆっくり食事をする 時間も惜しんで働いて らっしゃったんですね
そのわりにちっとも 儲からなかったが
社長が怖かった というお話は 鈴木部長からも お聞きしたことが あります
若い頃は 「今度怒鳴られたら 辞めよう」と 何度も思ったと…
自信家で 怖いもの知らず
おまけにいつも 自分が正しいと 思っているものだから よくお客さんを 怒らせてなあ
私なんかには 想像できませんが…

あれはいつだったかなぁ…
僕が幼稚園に通っていた時の担任の先生が息子が通う幼稚園の園長先生だったんだ
へえ…
その先生が独立したお祝いにと
カーネギーの『人を動かす』をプレゼントしてくださってな
小さい頃からきかん坊だったから人間関係の勉強がまだできていないと思われたんだろうね
そんな縁もあってPTAの役員もさせてもらったよ
あ
私もこの四月から娘が通う小学校のPTA役員をやらせていただくことになりました
そうかきっといい経験になると思うぞ

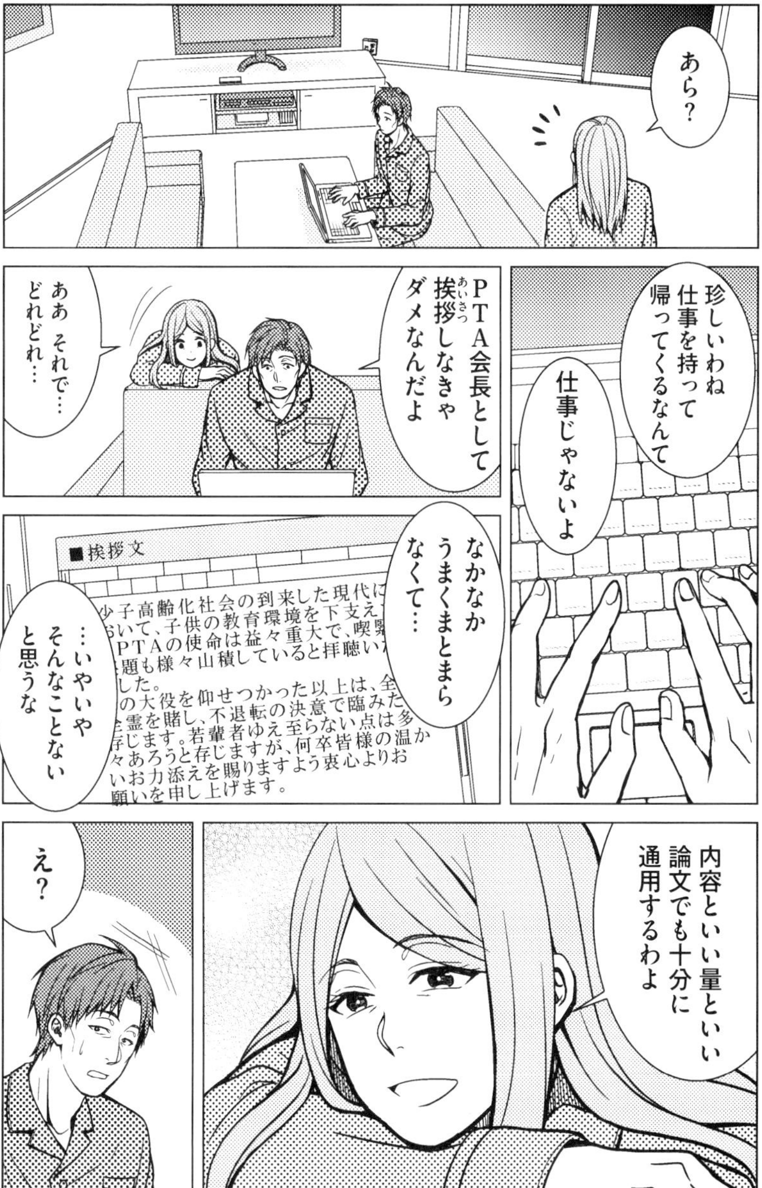
あら？
珍しいわね 仕事を持って帰ってくるなんて
仕事じゃないよ
PTA会長として挨拶《あいさつ》しなきゃダメなんだよ
ああ それで…どれどれ…
挨拶文
少子高齢化社会の到来した現代に
おいて、子供の教育環境を下支え
PTAの使命は益々重大で、喫
題も様々山積していると拝聴い
した。
の大役を仰せつかった以上は、全
霊を賭し、不退転の決意で臨みた
存じます。若輩者ゆえ至らない点は多
々あろうと存じますが、何卒皆様の温か
いお力添えを賜りますよう衷心よりお
願いを申し上げます。
なかなかうまくまとまらなくて…
…いやいやそんなことないと思うな
内容といい量といい論文でも十分に通用するわよ
え？

そうかあ…
論文ねえ…
『人を動かす　新装版』PART4「2　遠まわしに注意を与える」
遠まわしに注意を与える方法は、直接批判されることに強く反発する神経質な人たちには、驚くほど効果がある。
PTA総会当日
ほかにご意見はございませんか？
どうぞ
通学路の安全対策について新役員さんはどのようにお考えですか？

＊この夫婦のやりとりは、『人を動かす　新装版』PART 4「2　遠まわしに注意を与える」収載のエピソードを作話・漫画化したものです。

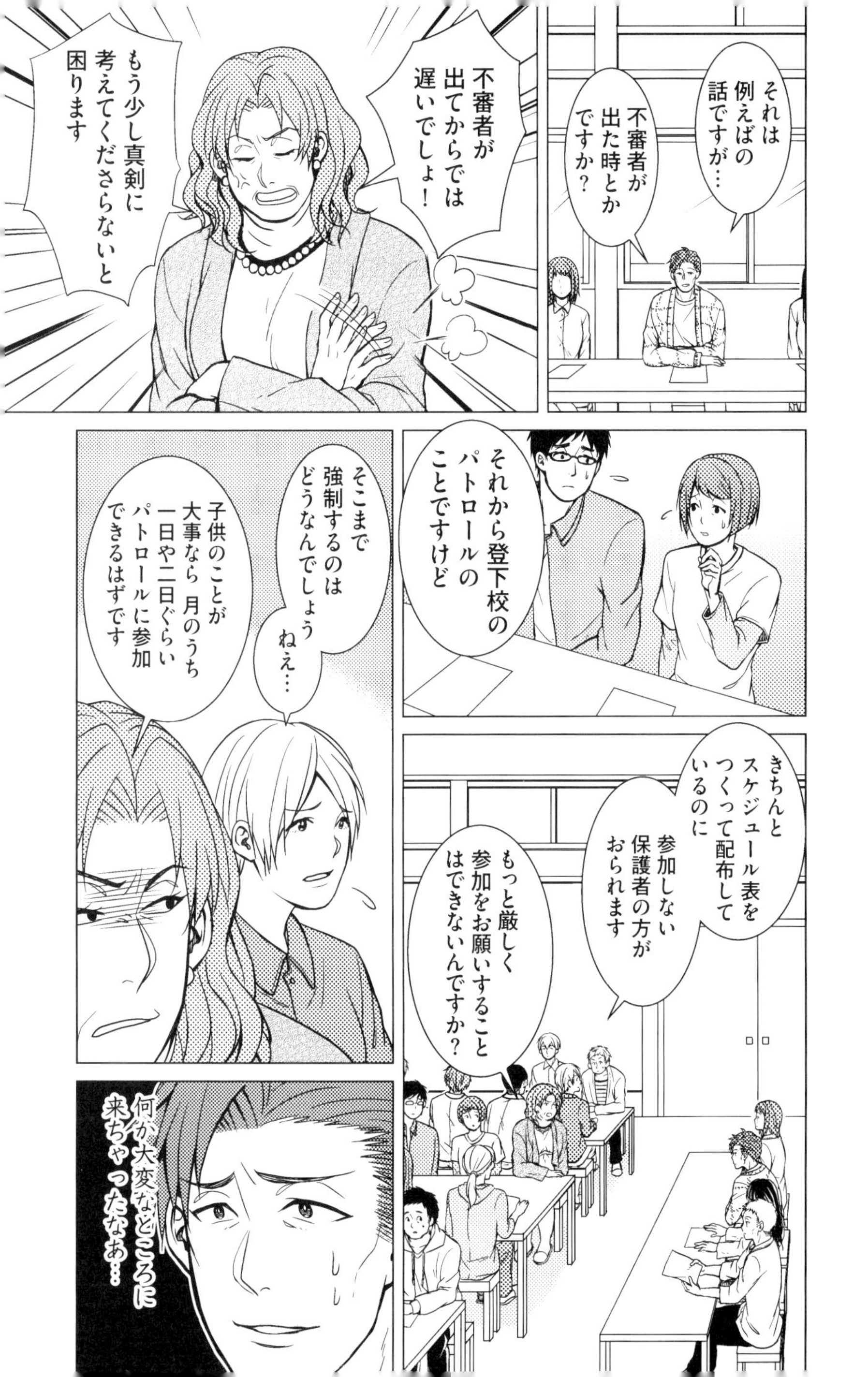
それは例えばの話ですが…
不審者が出た時とかですか？
不審者が出てからでは遅いでしょ！
もう少し真剣に考えてくださらないと困ります
それから登下校のパトロールのことですけど
きちんとスケジュール表をつくって配布しているのに
参加しない保護者の方がおられます
もっと厳しく参加をお願いすることはできないんですか？
そこまで強制するのはどうなんでしょうねえ…
子供のことが大事なら月のうち一日や二日ぐらいパトロールに参加できるはずです
何か大変なところに来ちゃったなあ…

連絡もなく
サボるような
人には
何らかの
ペナルティが
あってもいいんじゃ
ないですか？
会長は
どう思われますか？
まいったなあ…
…子供の安全を
思えばこその
貴重なご意見
ありがとうございます
僕自身 登下校の
パトロールは非常に大事な
ことだと思いますし
協力くださっている
保護者の方々には
感謝しています
ただ 共働き世帯など
参加が困難な方が
おられるのも事実です

参加できない方を非難するのではなく時間や人員配置などパトロールのあり方をもう一度見直してみましょうか？
今までやってきたことを急に見直すと言われても…
僕も何度かパトロールに参加させていただきましたが
その時によく愛犬の散歩やウォーキングをされている方と出会いましたよ
ですからパトロールをＰＴＡだけでやろうとするから無理があるんじゃないでしょうか？
ああ なるほど…児童の安全対策面を校区の町内の方にもご協力していただこうというお考えですね
その通り
…です…はい
この件は役員会でもう一度精査し
改めて校区町内会の方々にもご協力いただけるよう努力いたします
『人を動かす 新装版』PART4「4 命令をしない」
命令を質問の形に変えると、気持ちよく受け入れられるばかりか、相手に創造性を発揮させることもある。命令が出される過程に何らかの形で参画すれば、誰でもその命令を守る気になる。

数日後 町会長の家
…というわけで愛犬の散歩やジョギングなどの時間を子供たちの登下校の時間に合わせていただければありがたいのですが
そういうお願いなら回覧板で回してもいいね
ありがとうございます
そういえばこの地域は親子三代で地元の同じ小学校の卒業生が多いとお聞きしましたが
うちもそうだしなかには四代が同窓という人もいるよ
そういう方のお話もぜひ小学校で聞かせていただきたいと思います
例えば終戦後の様子とか高度成長期にクラスが増えた頃のお話とか
当時の遊びなども教えていただけると子供たちも喜ぶと思います
そういう機会があれば面白いかもしれないね

子供たちと親しくなればパトロールに参加してくれる人がいるかもしれない
一度定例会に諮《はか》ってみよう

『人を動かす　新装版』ＰＡＲＴ４「９　喜んで協力させる」
人を変える必要が生じた場合、次の事項を考えてみるべきだ。
一、誠実であれ。守れない約束はするな。自分の利益は忘れ、相手の利益だけを考えよ。
二、相手に期待する協力は何か、明確に把握せよ。
三、相手の身になれ。相手の真の望みは何か？
四、あなたに協力すれば相手にどんな利益があるか？
五、望みどおりの利益を相手に与えよ。
六、人に物を頼む場合、その頼みが相手の利益にもなると気づくように話せ。
これで、必ず相手から良い反応が期待できると考えるのは、やや単純すぎる。だが、少なくともこの原則を応用しなかった場合にくらべると、相手を変える可能性は高くなる。これは、大勢の人が経験している。もし、わずか十パーセントでも成功の確率を高めたとしたら、十パーセントだけ人を変える能力を高め得たことになる。そして、これこそ、その努力がもたらす〝利益〟なのである。

創元コーポレーション
メディア課
いつもお世話になっております
創元コーポレーションです
先日はうちの石井がいろいろとお世話になりました
え?
はい…
それにしても…
これまでいろんな経験をしてきたけど
PTAの活動は想像していた以上に勝手が違うなあ…
課長
ちょっとよろしいですか?
どうしたの?
古久保さん
石井さんの日報のことなんですが

「出稿《しゅっこう》を検討中」と
お返事をくださったと
日報に書かれていたお店に
今お電話したんですが…
営業報告:石井直哉
・山田山カフェ(XX-XXXX)
出稿を検討中
・Dokkoiベーカリー(XX-XXXX)
出稿を検討中
・ナント雑貨店(XX-XXXX)
ああ 何軒か
そういう
お店があるね
そんな人は
来ていない
と言われました
え？
ただいま
戻りました
わかった
石井君を小会議室に
呼んでもらえるかな
……

小会議室
今日はどこを訪問したの？
え…あ…
商店街…ではなく駅前の…新生ゼミとか
今日 新しい企画趣意書ができたので
君たちが日報で出稿を検討中と書いてくれたお客様のところへ
古久保さんたちに連絡してもらったんだ
…すみません
どういうことか説明してもらえるかな
こんな言い方したら怒られるかもしれませんが
バレてホッとしてます

もう少し
うまくやっていける
かなと思ったんですけど
無理でした
カタン
もういいです
辞めます
短い間でしたが
ありがとうございました
・・・・・
もういいです
辞めます…か
あっさりした
もんだな
何をどう
フォローしようが
聞く耳なんか
持ってやしない

何だ まだいたのか？
珍しいな こんな時間まで
すみません ちょっとヘコんでます
扱いにくい部下がいるんだって？
ああ
座ってたらいいぞ
すみません
古久保から聞いたんですか？
心配していたぞ
橘は荒井のようなカッとなってすぐ冷めるタイプじゃないから
ストレスがたまるんじゃないかって
怒鳴ったりするのってガラじゃないですから

でも 石井君には そういうタイプの 上司のほうが よかったのかなあと
詮《せん》ないことを
人と人との 関わり方に 正解なんて ありゃしない
おっしゃる通りです
僕が社員みんなに カーネギーをすすめるのは 本に書いてある通りにしろ ということじゃない
いろいろな 局面に遭遇した時に 自分がどうすればいいのかを 考えるヒントにして ほしいからだ
自分なりに わかっていた つもりなんですが…
改めて 肝に銘じて おきます

まとめ

人を変える九原則❶
「激励する」「遠まわしに注意を与える」「命令をしない」「喜んで協力させる」

原著PART4の意味

まず最初に、PART4「人を変える九原則」の背後には、英語版PARTタイトルの「Be a Leader（リーダーになれ）」という意図が込められていることに留意すると、目的や用途、対象が見えてきます。「**リーダーになるための九つの方法論**」だととらえれば、企業経営者や組織の長、職場のマネジャーに適合しやすい内容といえます。

『人を動かす』は、日本ではビジネス書として読まれることが多く、PART4はその意味でビジネスシーンに合わせやすく、実践に採り入れやすい手法がたくさんあります。

もちろん、リーダーの資質は、職場だけでなく地域社会や家族関係などあらゆる場面でも役立つはずですが、指導や教育の局面も生じる親子関係はいいとして、上下関係がない場面や、初対面または一期一会の関係では、PART4の諸原則は一部で少々適用しにくいところもあると付記しておきます。

また、このPART4は、三大原則を説いたPART1のように、数多くのエピソードを重層的に紡《つむ》いで説得力を増すといった構成をとっていません。PART2、PART3と比べても、一章あたりの文章量が少なく、原著の本文そのものが短めにまとめられた「**要点集**」だと思えばいいでしょう。自ずと、他のPART、特にPART1とは読み方が違ってくるはずです。

あえて用途を絞ると、このPART4に適した典型的なシーンは、上司が部下に遠回しに優しく示唆を与える場面です。決して命令はせず、自分から気づかせ、やる気を起こさせ、「人に自らそうさせたいと思わせる」といった展開例で、指導的に実践をしていくことになります。

世代交代や一定の年月を経て、部下や目下だった頃には気づかなかったが、上司や目上の立場になってはじめて分かることも多々あり、原著『人を動かす』も時間を置いて読み返せば受け止め方が変わるはずです。

本書の漫画に登場する主要人物は、一企業内の新入社員、中間管理職、経営者からなりますが、彼らは同じ『人を動かす』という本を、各自できっと別の読み方をしているのです。

「間接的な示唆」さまざま……………✣

人に直接、指摘や非難をするのではなく、間接的に示唆を与える方法を、カーネギーはかなり具体的に説明しています。「人を批判する際、まずほめておいて、次に〝しかし〟という言葉をはさんで、批判的なことを言いはじめる人が多い」と述べて、これで失敗する親子の事例を挙げ、「この失敗は〝しかし〟という言葉を、〝そして〟に変えると、すぐに成功に転じる」と話す言葉まで懇切丁寧に教えています。

「**間接的な示唆**」にはいろんなやり方があっても、共通する条件は、「**決して命令はしない**」ということです。命令ではなく、質問の形に変えて意見を求めると、人は自分の過ちを自発的に直そうとするものだと説いています。

カーネギーは、「**どうすれば人の恨みを買わず、怒りや反発も招かず人を変えることができるか**」という課題について長年研究を重ね、細心の注意を払ってきました。煎じ詰めれば「人に重要感を与える」ことだと、ここでもまた「**重要感**」という言葉を繰り返しています。

人を変える九原則「2　遠まわしに注意を与える」

遠まわしに注意を与える。

人を変える九原則「4　命令をしない」

命令をせず、意見を求める。

人を励ます際の対象として、カーネギーは、「子供」「夫」「従業員」と具体的に例示していますので、親子関係、夫婦関係、組織の上下関係のそれぞれに適合する原則が「**激励する**」だと幅広くとらえています。その目的は、励ましによって自信を持たせ、能力を発揮させることにあります。原著では、激励によって見事に才能を開花させた実例を説得力豊かにつづっています。

人を変える九原則「8　激励する」

激励して、能力に自信を持たせる。

「相手の利益」を追求

第9話の漫画は、学校のPTAという場面を設定していて、ストーリー上にさまざまな人間関係が見てとれます。PTA役員同士の関係、親子関係、夫婦関係、地域住民との関係、職場の上司と部下の関係です。これらのどの関係性にも適合するのが、「**喜んで協力させる**」という原則です。上下関係など特定の関係性に限定されない、どんなシーンでも適用可能な汎用性の高い原則といえるでしょう。

カーネギーは原著で、人を変える際に考えるべき六つの事項を挙げています。本書一六七ページにもその文章を引用していますが、これを読むと、同じことを何度も繰り返し言っているように感じます。この六事項に共通して、「相手」「利益」という言葉が入れてあるからです。

一言でまとめれば、何事も「**相手の利益**になるように」となるわけですが、六つの事項を通して繰り返し自問自答せよというのが、カーネギーの意図なのです。読み飛ばして即解するのではなく、原著に直接書き込んでもいいし、ノートに書き写してもいいから、どうすれば相手を動かせるのかを一つ一つ検討してみよ、という仕掛けになっています。

人を変える九原則「9　喜んで協力させる」

喜んで協力させる。

実利を得るために『人を動かす』を読もうとするのは、恥じることでもなく、間違った使い方でもありません。英語版の原題が『How to Win…』となっているように、つまりは「**ハウツー書**」であり、しかも経年劣化をしない、きわめてまれな「**実用書**」でもあるのです。

第10話

❖

応用編
町内会の会長になる

まとめ

人を変える九原則 ❷

「顔をつぶさない」
「まずほめる」
「自分の過ちを話す」
「わずかなことでもほめる」
「期待をかける」

一月某日
鈴木健一郎
ただいま
おかえりなさい
キャン キャン
誰か来てるの？
町会の人があなたにお話があるそうよ
きょ
町会長？
私がですか？

ここ何年か会長をつとめられた児玉さんがこの夏に体調を崩されて…
今年度は残った役員でがんばってきたんですけど…
町会としても会長不在のままというわけにもいかず…
現体制から会長をとの声もあったんですがみな七〇を越えてるし
これを機に若返ったほうがいいということになって
でも私のような若輩者につとまりますか?
ほかにもっとよい方がおられるのでは?
現役員も組長も鈴木さんならと言ってくれているので
ほら 鈴木さんが組長だった二年前…

寄付が思うように集まらなくて
夏祭りの存続が危うくなった時
フリーマーケットで資金を集めませんかと提案してくれたでしょう
安売り!!
ああいうアイデアと実行力が今の町会に必要だということになってね
正直な話あなた以外の人は考えられんのですわ
我々を…
いや
町会を助けると思って…
よろしく
キャンキャン
お願いします

受けるの？
何を？
町会長よ決まってるじゃないの
もちろん…丁重《ていちょう》にお断りするつもりだよ
それってよくないんじゃないかしら
どうして？
だってあなた
ずっと町会の活動に尽力されてきたお二人から頭を下げられたのよ
面子《メンツ》もおありでしょうし
『人を動かす 新装版』PART4「5 顔をつぶさない」
相手の顔を立てる！ これは大切なことだ。しかも、その大切さを理解している人は果たして何人いるだろうか？

四月某日 公民館
それでは
何かご質問はございませんか？
一言いいかな
年末の夜警のことだけど
ピクッ
昔に比べて見回りの時間が短いんじゃないか
俺が役員の頃はしっかり一時間は回ってたのに
最近はさっさと回って早く終わろうって感じになってるぞ
そんなことはないと思いますが
フン
決め事がないからルーズになるんだ見回りは一時間以上と規約を改正したらどうだ
会長 あんたはどう思う？
…………

貴重なご意見をありがとうございます
さすがに役員を長くつとめられた方のご提言です
町内の安全を第一に考えてくださっているのがよくわかります
フフン
『人を動かす　新装版』PART4「1　まずほめる」
まず相手をほめておくのは、歯科医がまず局部麻酔をするのによく似ている。もちろん、あとでがりがりとやられるが、麻酔はその痛みを消してくれる。
夜警はさっさと回って早く終わらせようでは意味がありません
しかしながら見回る時間が長ければいいというものでもないと思います
年末の夜警までまだ時間がありますので
見回りのルートも含め意見を交換していきましょう
では　ほかに質問はございませんか？
どうぞ
町内親睦バーベキュー大会のことなんですけど…

鈴木さん
このあと何か予定はありますか？
いえ とくには
ちょっと付き合ってもらえませんか？
カチャ
バーベキュー大会のことなんだけど
ええ
私は参加できなかったんですが
準備や後片付けが大変らしいですね
カチャ
焼酎・日本
炭火やきとり
2F
2階席有〼
いらっしゃいま
立呑
どうします？
どうとは？
バーベキュー大会を続けるかやめるかです

確かに
最初に発言された方を含めて反対意見が多かったですね
バーベキュー大会は町内の親睦のために前会長が提案したんですよ
だから一年でやめるとショックだろうなぁと思うわけですよ児玉さんが
また入院ということにも…
ボソ
ブハッ!
といって反対意見の多いなか強行するのも…
そこはほら鈴木さんが会長なんだから決めてくれないと
ゲホ
スッ
それで私にどうしろと?
ゲホ
ゲホ
それはないでしょ!

部長室
あちら立てれば こちらは立たずか
どうにか ならない もんかなあ…
人を動かす
D・カーネギー
フルフル
いかん いかん 何を考えて いるんだ
カーネギーの『人を動かす』は
何でもかんでも 困った時の神だのみ をする本じゃ ないんだから
パタ
ボロ…
それにしても ずいぶん くたびれたなあ
じっ…
何年前だったか… 社長にすすめ られたのは

営業の合間《あいま》に少しずつ読んで
大事だと思うところに線を引いて
自分なりに真似してきたつもりだったけど
ペラッ
まだまだだねえ
プルルルル
ガチャ
はい鈴木です
え…
石井君から
退職願ですか…
ガチャ
!
ずいぶんしょげてるな
今の子は思っている以上に傷つきやすいっていうからな…
シュン
いつまでも新人じゃないんだからもう少ししっかりしてよ

あたしも仲根も ずっとあんたの フォローはできない からね
ズッ
おいおい… どうしたんだ
データのバック アップ作業を怠って 古いデータを上書き してしまったんです
シュン
ったく 入社早々から 気をつけろと 言い続けてきたのに
ああ そういえば
昔 私も やらかした なあ…
ん…
何をです？
まだワープロ の時代に
プレゼン資料を 保存したフロッピーを うっかり落としたこと があってね
バキッ
フロッピーは 真っ二つ
ありゃま

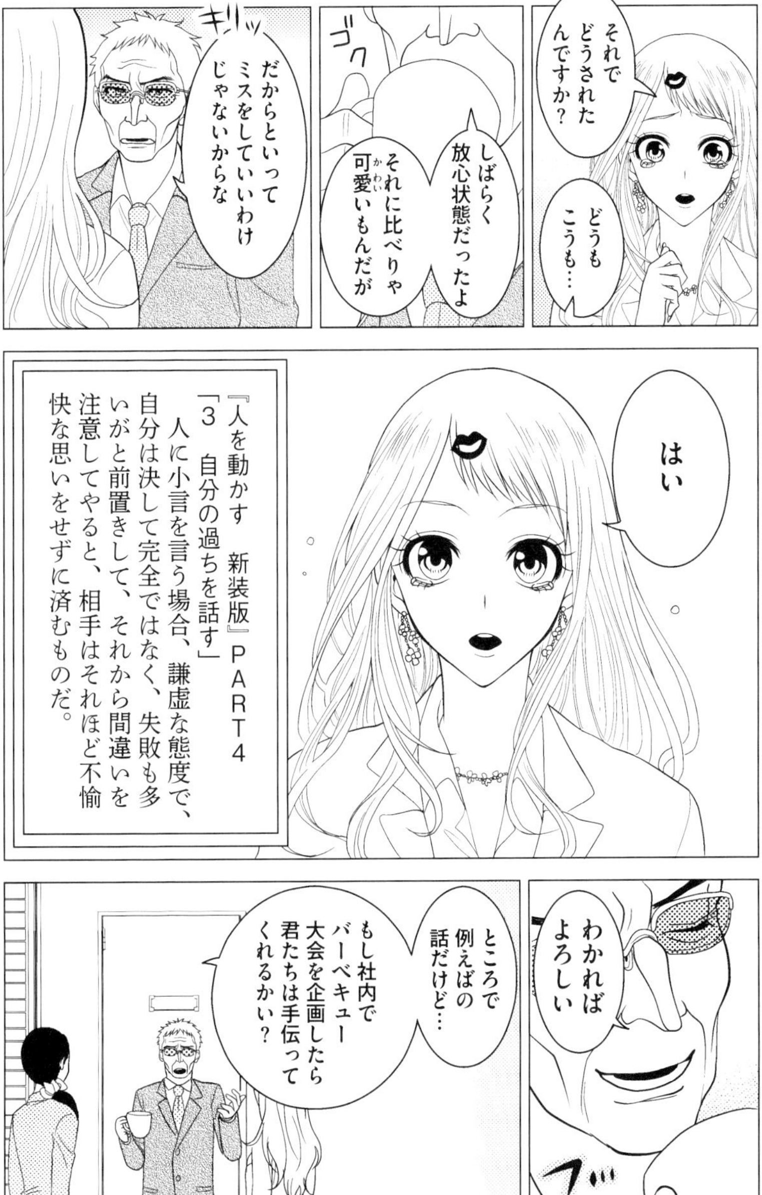
それでどうされたんですか？
どうもこうも…
ゴク
しばらく放心状態だったよ
それに比べりゃ可愛《かわい》いもんだが
ギリッ
だからといってミスをしていいわけじゃないからな
はい
『人を動かす　新装版』PART4
「3　自分の過ちを話す」
人に小言を言う場合、謙虚な態度で、自分は決して完全ではなく、失敗も多いがと前置きして、それから間違いを注意してやると、相手はそれほど不愉快な思いをせずに済むものだ。
わかればよろしい
ブッ
ところで例えばの話だけど…
もし社内でバーベキュー大会を企画したら君たちは手伝ってくれるかい？

バーベキューですか…
あたしは勘弁してほしいですね
買い物や後片付けが大変だし天気も心配ですから
イヤイヤ
やっぱりそうか…
あでも…わたし
パァッ
短大の頃にちょっとした日帰り旅行感覚でバーベキューを楽しめるところに行ったことがあります
そこなら大きな屋根がありますからお天気の心配もいりません
予約した食材を焼いて食べるだけで準備も後片付けもしなくていいんです
温泉や植物園なんかもありました
ほう…
家《うち》にその時の資料がまだ残っていると思いますのでよろしければお持ちしましょうか？

ありがとう
そんないい場所があるのなら
町内会の日帰り旅行とバーベキューを組み合わせるのもありかもしれない
にや〜〜
ずいっ
で
カアッ
誰と行ったの？
ニヤニヤ
やっぱりカレがいるんだ隅《すみ》に置けないねあんたも
あ いえ その…
あたしさぁ村上って意外と物知りだなって思ってたの
そ そうなんですか…
じっ
あんたの企画書にも感心させられることがいくつかあって
ただ…
地域を
和紙と

オドオド
あんたが積極的に外に出ていくタイプに見えないからすごく不思議だったの
それってカレの影響だったのね
え？いえまあ…
ポーンッ
いやいやこの仕事には大事なことだよ
とくに企画は本や資料よりも体験がモノをいうから
そうだね
遊びを含めたいろんな経験をこれから仕事にも活かしてほしいな
はい
『人を動かす　新装版』PART4
「6　わずかなことでもほめる」
誰でもほめてもらうことはうれしい。だが、その言葉が具体性を持っていてはじめて誠意のこもった言葉、つまり、ただ相手を喜ばせるための口先だけのものでない言葉として、相手の気持ちをじかに揺さぶるのである。
我々には、他人から評価され、認められたい願望があり、そのためにはどんなことでもする。

ただいま
バーベキューの件どうなったの？
一応こんなアイデアがあるけどってことだけは伝えたよ
それはよかった～
婦人会のお友達から「しばらくもめるかも」って聞いてたから心配してたのよ
それに副会長のお二人も「古狸《ふるだぬき》」って評判だから
ヒソ
ヒソ
それにしても
〝人を動かす〟のは難しいね
スッ…
町内会の活動に参加して改めてそう思ったよ

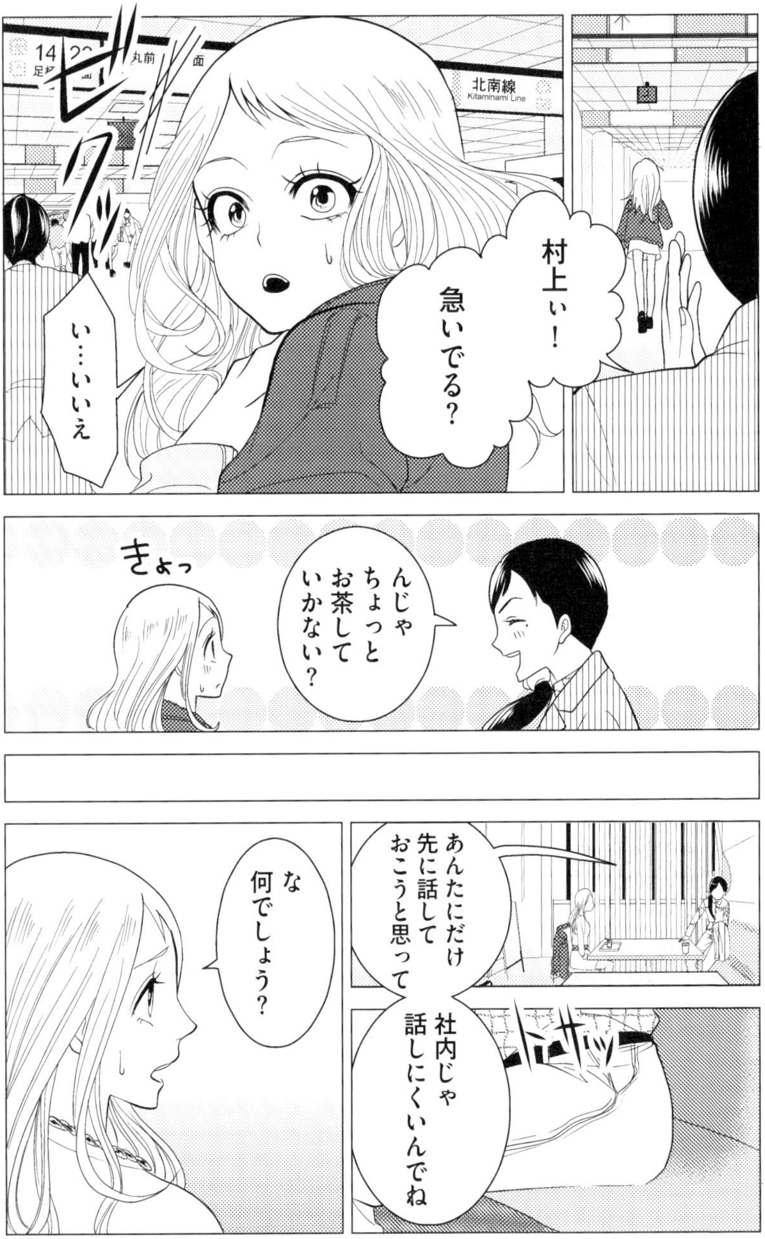

村上ぃ！
急いでる？
ビクッ
い…いいえ
北南線
Kitaminami Line
きょっ
んじゃ
ちょっと
お茶して
いかない？
あんたにだけ
先に話して
おこうと思って
社内じゃ
話しにくいんでね
な
何でしょう？

仲根のことなんだけど
来月いっぱいで退職するから
え?
ガタッ
どうしてですか?
独立して広告企画や制作の仕事をやっていきたいんだって
そんな不安そうな顔しなくても
あんたにとってはひと皮剝《む》けるいいチャンスだと思うよ
でも…

ピン
自信を持ちな
痛っ…
あんたには好奇心と行動力という立派な武器があるんだから
いつまでもあたしや仲根に頼っててはダメだし
慣れや油断を言い訳にするのもダメ
もうすぐ新人が配属されてきたらあんたが教える立場になるんだし
あんたなら十分なれると思ってる

『人を動かす　新装版』ＰＡＲＴ４
「７　期待をかける」

相手に美点を発揮させたければ、彼がその美点を備えていることにして、公然とそのように扱ってやるがよい。良い評判を立ててやると、その人間はあなたの期待を裏切らないように努めるだろう。（略）

自分について良い評価が与えられた以上、その評価に違わないように努めるのは人情である。

まとめ

人を変える九原則❷ 「顔をつぶさない」「まずほめる」「自分の過ちを話す」「わずかなことでもほめる」「期待をかける」

「ほめる」という原則は、原著のPART2に一度、このPART4にも二度出てきます。

全三〇原則のうちの三つ、つまり一割を費やしているのは、組織内の上下関係、家庭や地域での関係など、立場や状況が変わったとしても常時留意すべき原則だという意図が読み取れます。

また、見えすいたお世辞ではなく、心からほめることの難しさ、ほめる人がいかに少ないかの表われでもあるでしょう。

> 人を変える九原則「1 まずほめる」
> **まずほめる。**

> 人を変える九原則「6 わずかなことでもほめる」
> **わずかなことでも惜しみなく心からほめる。**

「ほめる」の反対で、人の過ちを正さねばならない時に、カーネギーは直接、指摘や非難をするのでなく、自分の過ちを先に話して、その後の苦言を和らげるか、相手に間接的に気づかせる方法を推奨しています。

「**顔をつぶさない**」「**期待をかける**」という原則も、ほめる際ではなく、主に欠点や誤りを正す際の方法論として挙げています。

> 人を変える九原則「3 自分の過ちを話す」
> **まず自分の誤りを話したあと相手に注意する。**

> 人を変える九原則「5 顔をつぶさない」
> **顔を立てる。**

> 人を変える九原則「7 期待をかける」
> **期待をかける。**

カーネギーは原著で、**人の尊厳を傷つけるのは犯罪**だとサンテグジュペリの言葉を引用して、人間関係の基本原則を繰り返し強調しています。

エピローグ　新しい人生に踏みだそう

4年後…
あっ
おおっ
久しぶり元気にしてた？
まあな
北川真（27）
石井直哉（27）
何年ぶり？
辞めたのが四年前だからそれ以来
いま何やってるの？
求人関係のフリーペーパーで営業やってる 最近このあたりの担当になったんだ
そうなんだ

会社のほうはどう?
僕は相変わらずだけど…
去年 三原社長が会長になって
創元コーポレーション会長室
古久保君
三原茂（70）
はい
古久保美和（34）
メディア課の営業事務だった古久保さんが
秘書として会長室に異動になったんだ
じゃあ誰が社長になったの?

営業部長だった鈴木さん
三年前に取締役に就任してそこから一足《いっそく》飛《と》び
すごいね出世だね
ご本人が一番びっくりしたっていう話だけどね
橘さんは?
グアム
?
え
最近日本からの観光客が減少傾向なので何か起爆力のある企画を考えてほしいと依頼があって
そのための市場調査やヒアリング調査のために
絶対仕事してなさそうな気がするんだけど

それは石井君の勝手なイメージだから
会長はグアムにも支社をつくるって
この間の入社式でもおっしゃってたけどね
ということは橘さんが支社長?
かもしれない
ところで社長が代わっても新人にプレゼントしてるのか?
昔の俺で言うと
こーんな厚いの
もちろんだよ
うちの仕事はこの本を読むことから始まるんだから
人を動かす
そうだよな

カーネギー読んどけばよかったかなって
今なら素直に思えるよ
ピピピ…
お いかん そろそろ行くわ
あ その前に
僕 近々結婚するんだ
それ先に言えよ！
え そうなの？
よければ出席してくれないかな
そりゃ 喜んで 奥さんになる人の顔も見たいしな
おめでとう！
ありがとう
あ たぶん 見たことあると思うよ
？
どういうこと？

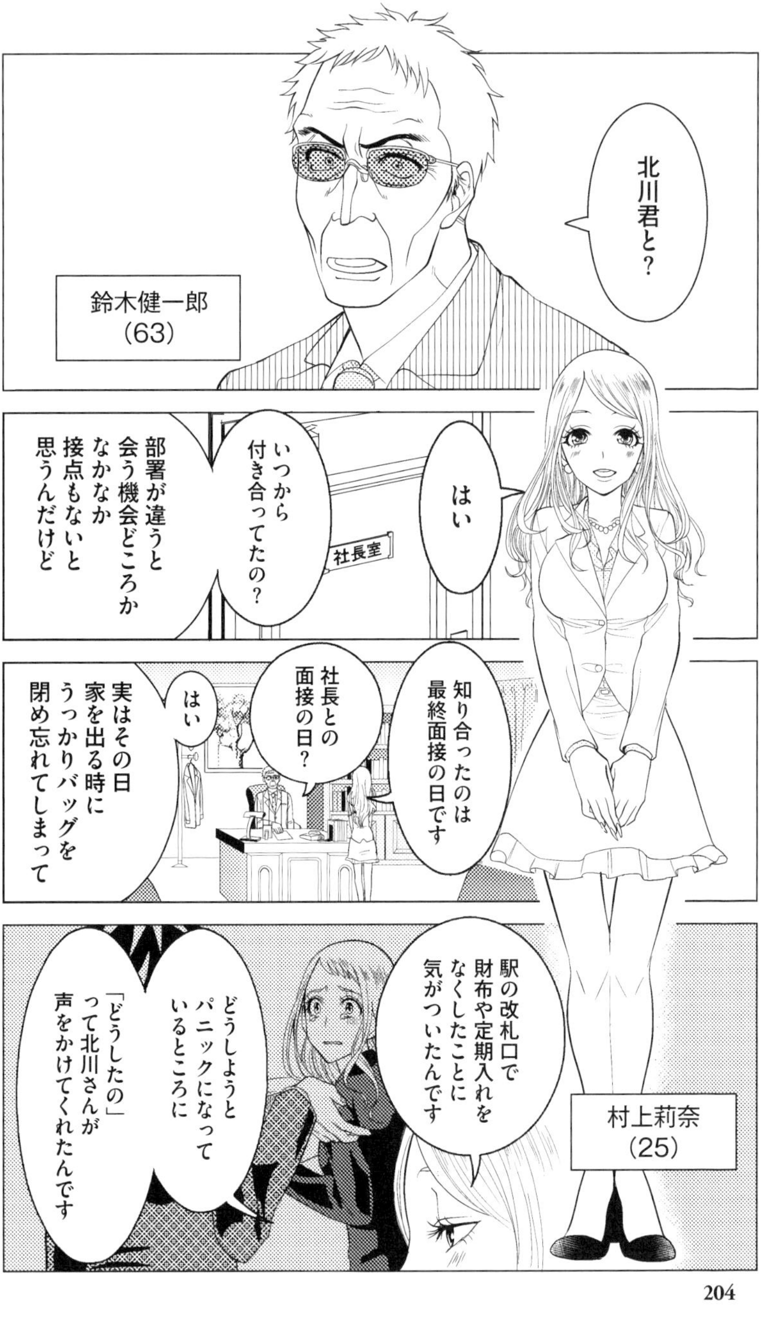
北川君と？
鈴木健一郎（63）
はい
いつから付き合ってたの？
部署が違うと会う機会どころかなかなか接点もないと思うんだけど
知り合ったのは最終面接の日です
社長室
社長との面接の日？
はい
実はその日家を出る時にうっかりバッグを閉め忘れてしまって
村上莉奈（25）
駅の改札口で財布や定期入れをなくしたことに気がついたんです
どうしようとパニックになっているところに
「どうしたの」って北川さんが声をかけてくれたんです

いっしょに入社試験を受けた中の一人なのに私のことを覚えていてくれて
「困っているときはおたがいさまだから」って お金も貸してくれて
運命の出会いって本当にあるんだなあって思っちゃいました
そうだったの
本当は二人でお願いに来るのが筋なんですけれど
すみません なかなかおたがいのタイミングが合わなくて
奥様にご挨拶《あいさつ》させていただく時は二人でおうかがいしますので ぜひともよろしくお願いします
仲人《なこうど》なんて大役初めてだから緊張するよ
ポリ
では失礼します
あ 村上君

『人を動かす』は君の役に立ってるかい？
何度も読んで頭ではわかっているつもりですが
いざ自分がやってみようと思うと難しいことが多いです
確かにそうだね
カーネギーはこうすればいいとか手っ取り早い答えを教えてくれるわけじゃない
ビジネスでも日常生活でもあらゆる場面で自分なりに考え応用していくものだから
ただひとつだけ彼と約束してることがあるんです
どっちかが感情的になったら
言い返さず聞き役に回ろうって＊
ニコッ
そうか

＊このくだりは、『人を動かす　新装版』PART 3「1　議論を避ける」収載のエピソードを作話・漫画化したものです。

パタン
結婚するんだって？
おめでとう
ポンッ
あっ 荒井さん
ありがとうございます
荒井絵理子
（36）
総務部に異動されてからなかなかお会いできませんが
お元気ですか？
肩書きは人事課の課長なんだけど 新人だから覚えることもやることも多くて大変だわ
そういえば 仲根は元気にしてるの？
はい
このあと久しぶりに打ち合わせでお会いします
んじゃよろしく伝えといて
じゃっ

へえ…
姐《ねえ》さんが人事課長ねえ
仲根駿（31）
そうなんですよ仲根さんによろしくって
たまには三人で飲むか
いいですねえ
ふわぁ
ところで俺に頼みたいことって何だ？
ガサッ
それなんですけど常夏《とこなつ》の島に興味あります？
んなもんあるわけないだろ
ピタッ
ビジネスなら話は別だけどな
ホッ
それを聞いて安心しました
今回お願いしたいのはグアムでの仕事なんです
昔に比べ日本からの観光客が減少していて集客力のあるイベントを仲根さんに企画していただけたらと…

じっ
え？ どうかしました？
目を合わせられない
うまくしゃべれない
すぐ挙動不審になる
って三拍子揃った新人だったのに変われば変わるもんだな
きょ
そんな…
ほめられると照れちゃいますよ
エヘヘ
おまけに初々《ういうい》しさがカケラも残ってないし
あの頃は若かったな
GUAM REBORN!
こんな女に誰がした？
キッ
ぐしゃ
アホか人聞きの悪いこと言うな
ぺし

カァッ
笑顔は変わらないいな
北川はそこに惚《ほ》れたんだろうな
いや そんな…
しょうがない 今回のギャラからお祝い出してやるよ
あ…あ… ありがとうございます
そして六月吉日
次は会社のお仲間の皆さん並んで下さーい
あ、ピース禁止でーす

撮りますよー
3・2・1…

重ねて言う。本書の原則は、それが心の底から出る場合に限って効果を上げる。小手先の社交術を説いているのではない。新しい人生のあり方を述べているのである。
　人を変えようとして、相手の心の中に隠された宝物の存在に気づかせることができたら、単にその人を変えるだけでなく、別人を誕生させることすらできるのである。

　これが、大げさだと思われるのだったら、アメリカが生んだ最も優れた心理学者であり哲学者でもあるウィリアム・ジェイムズの次の言葉に耳を傾けるとよい。

「我々の持つ可能性にくらべると、現実の我々は、まだその半分の完成度にも達していない。我々は、肉体的・精神的資質のごく一部分しか活用していないのだ。概して言えば、人間は、自分の限界よりも、ずっとせまい範囲内で生きているにすぎず、いろいろな能力を使いこなせないままに放置しているのである」
　これを読むあなたも、使いこなせず宝の持ち腐れになっている能力を種々備えているのだ。
　批判によって人間の能力はしぼみ、励ましによって花開く。
（『人を動かす　新装版』ＰＡＲＴ４「６　わずかなことでもほめる」）

巻末資料

『人を動かす』30原則一覧

人を動かす三原則

1　批判も非難もしない。苦情も言わない。
2　率直で、誠実な評価を与える。
3　強い欲求を起こさせる。

人に好かれる六原則

1　誠実な関心を寄せる。
2　笑顔で接する。
3　名前は、当人にとって、最も快い、最も大切な響きを持つ言葉であることを忘れない。
4　聞き手にまわる。
5　相手の関心を見抜いて話題にする。
6　重要感を与える――誠意を込めて。

人を説得する十二原則

1　議論に勝つ唯一の方法として議論を避ける。
2　相手の意見に敬意を払い、誤りを指摘しない。

3 自分の誤りを直ちに快く認める。
4 穏やかに話す。
5 相手が即座に〝イエス〟と答える問題を選ぶ。
6 相手にしゃべらせる。
7 相手に思いつかせる。
8 人の身になる。
9 相手の考えや希望に対して同情を寄せる。
10 人の美しい心情に呼びかける。
11 演出を考える。
12 対抗意識を刺激する。

人を変える九原則

1 まずほめる。
2 遠まわしに注意を与える。
3 まず自分の誤りを話したあと相手に注意する。
4 命令をせず、意見を求める。
5 顔を立てる。
6 わずかなことでも惜しみなく心からほめる。
7 期待をかける。
8 激励して、能力に自信を持たせる。
9 喜んで協力させる。

（D・カーネギー『人を動かす　新装版』〈創元社刊〉より、各章末に掲載されている「原則」を抜き出し、一覧にしました。人間関係の要諦をまとめたエッセンスといえるものです）

原作 デール・カーネギー
脚本 歩川友紀《あゆかわゆうき》
脚本協力 終夜《よすがら》テン
漫画 青野渚《あおのなぎさ》・福丸《ふくまる》サクヤ
（青野渚作画＝第2・4・6・8・10話
福丸サクヤ作画＝第1・3・5・7・9話
プロローグ・エピローグは共作）
装丁 上野かおる

D・カーネギー
マンガで読《よ》み解《と》く 人《ひと》を動《うご》かす
二〇一五年九月一〇日 第一版第一刷発行
二〇一九年八月二〇日 第一版第三刷発行
発行者 矢部敬一
発行所 株式会社 創元社
〈本　社〉〒五四一-〇〇四七
大阪市中央区淡路町四-三-六
電話（〇六）六二三一-九〇一〇㈹
〈東京支店〉〒一〇一-〇〇五一
東京都千代田区神田神保町一-二 田辺ビル
電話（〇三）六八一一-〇六六二㈹
〈ホームページ〉https://www.sogensha.co.jp/
組版・印刷 はあどわあく／図書印刷

ISBN978-4-422-10115-6 C0011